ENERGIA AO QUADRADO

PAM GROUT

ENERGIA AO QUADRADO

NOVE EXPERIMENTOS PARA PROVAR QUE SEUS PENSAMENTOS MOLDAM A SUA REALIDADE

Tradução
Izabel Aleixo

RIO DE JANEIRO, 2022

Copyright © 2013 by Pam Grout. Todos os direitos reservados.
Copyright da tradução © 2022 por Casa dos Livros Editora LTDA.
Título original: *E-Squared*

Todos os direitos desta publicação são reservados à Casa dos Livros Editora LTDA. Nenhuma parte desta obra pode ser apropriada e estocada em sistema de banco de dados ou processo similar, em qualquer forma ou meio, seja eletrônico, de fotocópia, gravação etc., sem a permissão do detentor do copyright.

Diretora editorial: *Raquel Cozer*

Gerente editorial: *Alice Mello*

Editora: *Lara Berruezo*

Assistência editorial: *Anna Clara Gonçalves e Camila Carneiro*

Revisão: *Vanessa Sawada*

Design de capa: *Anderson Junqueira*

Diagramação: *Abreu's System*

Dados Internacionais de Catalogação na Publicação (CIP)
(Câmara Brasileira do Livro, SP, Brasil)

Grout, Pam
    Energia ao quadrado : nove experimentos para provar que seus pensamentos moldam a sua realidade / Pam Grout ; tradução Izabel Aleixo. – Rio de Janeiro : HarperCollins Brasil, 2022.

    Título original: E-Squared
    ISBN 978-65-5511-346-4

    1. Autorrealização (Psicologia) I. Título.

22-107775   CDD-158.1

Índices para catálogo sistemático:

1. Autorrealização : Psicologia aplicada   158.1
Cibele Maria Dias – Bibliotecária – CRB-8/9427

Os pontos de vista desta obra são de responsabilidade de seu autor, não refletindo necessariamente a posição da HarperCollins Brasil, da HarperCollins Publishers ou de sua equipe editorial.

HarperCollins Brasil é uma marca licenciada à Casa dos Livros Editora LTDA.
Todos os direitos reservados à Casa dos Livros Editora LTDA.
Rua da Quitanda, 86, sala 218 – Centro
Rio de Janeiro, RJ – CEP 20091-005
Tel.: (21) 3175-1030
www.harpercollins.com.br

Para Roosky.
Que a sua luz brilhe para sempre.

Sumário

Apresentação 9
Por Joyce Barrett

Prefácio 13

Introdução
O colapso da onda: Quando aprendemos
que estamos muito mal-informados 29

As preliminares 53

Experiência Nº 1
O princípio do "cara que está em toda parte":
Há uma força energética invisível ou um campo
de infinitas possibilidades 59

Experiência Nº 2
O princípio do carro dos seus sonhos:
Você afeta o campo de energia e atrai coisas
para si mesmo de acordo com as suas
crenças e expectativas 79

Experiência Nº 3
O princípio de Albert Einstein:
Você também é um campo de energia 93

Experiência Nº 4
O princípio abracadabra:
Tudo em que você focar a sua atenção vai se expandir. . . . 109

Experiência Nº 5
O princípio da coluna de aconselhamento:
A sua conexão com o campo de energia
lhe fornece orientação precisa e ilimitada. 135

Experiência Nº 6
O princípio do super-herói:
Os seus pensamentos e a sua consciência
causam impacto na matéria 153

Experiência Nº 7
O princípio do controle de peso:
Os seus pensamentos e a sua consciência fornecem
a estrutura do seu corpo físico 171

Experiência Nº 8
O princípio dos 101 dálmatas:
Você está conectado com tudo e com todos no universo. . . 185

Experiência Nº 9
O princípio da multiplicação dos pães e dos peixes:
O universo é ilimitado, abundante e
extraordinariamente generoso 199

Posfácio
Elevemo-nos uns aos outros 217

Agradecimentos **221**

Apresentação

Quando eu era criança, perguntei à minha professora da escola dominical por que os milagres aconteciam nos tempos da Bíblia e hoje em dia não parecem ser parte das nossas vidas. Ela não soube me responder e fui aos poucos assumindo que Deus, Igreja e essa coisa toda de religião não tinham a menor importância e estavam muito distantes da minha própria vida (mesmo que eu nunca tenha deixado de ansiar por algo mais). Deixei a espiritualidade para trás e busquei a ciência, que pelo menos tentava explicar como o mundo funciona.

Foi uma surpresa boa encontrar os textos de Pam Grout, que ajudam céticos como eu a preencher aquele desejo de espiritualidade. Ela mostra (de um jeito agradável e engraçado que qualquer um pode entender) que energia, poder e, sim, até mesmo milagres estão disponíveis aqui e agora para qualquer um de nós. As ideias e experiências desta obra me ajudaram a compreender, numa linguagem que faz todo o sentido, muitas das coisas que os livros sobre espiritualidade ensinam há milhares de anos.

Recomendo enfaticamente a leitura deste livro a todos que estão procurando entender conceitos espirituais e como eles se aplicam a todos nós, mesmo a alguém como eu que tem muitas dúvidas em relação a uma religião formalmente organizada. Como Pam destaca, treinar a mente é como ensinar um cachorrinho a fazer xixi e cocô nos lugares certos, você tem que levá-lo lá para fora de novo e de novo, e ficar mostrando a beleza, a grandeza e a verdade de tudo o que existe. Assim, por meio de pequenos passos bem simples e agradáveis de cumprir, Pam leva o leitor a tomar consciência de que os milagres ainda acontecem e que há uma incrível fonte de energia disponível para todos nós.

Joyce Barrett, ph.D.
Ex-bióloga da NASA

A maneira que estamos percebendo a vida precisa ser superada para que a verdade possa, enfim, aparecer.

— Michele Longo O'Donnell,
criadora do workshop "Viver para além das doenças"

Prefácio

Todos os que estão seriamente envolvidos em pesquisas científicas se convenceram de que uma consciência está presente nas leis do universo — uma consciência infinitamente superior à do homem.

— Albert Einstein, físico alemão

Dois meses antes de eu completar 35 anos, o namorado que eu tinha há muito tempo me traiu com uma estudante de Direito de vinte e poucos, que obviamente não precisava retocar a raiz dos cabelos. Leve em consideração que isso aconteceu na mesma época que aquele estudo sobre mulheres solteiras e asteroides foi publicado, o qual tornava público e notório que mulheres com mais de trinta anos tinham a mesma chance de entrar na igreja ao som de uma marcha nupcial quanto de serem atingidas por um asteroide.

Depois de passar dias inteiros deitada na cama, olhando para o ventilador de teto, cheguei à conclusão de que eu só tinha duas opções. Podia cortar os pulsos numa banheira de água quente ou então me inscrever num workshop em Esalen, a meca do autoaprimoramento em Big Sur, na Califórnia. E como eu sabia que a minha colega de apartamento na época detestava sujeira e bagunça, optei pelo workshop.

Na segunda noite lá, conheci um ex-surfista lindo que me convidou para passar a noite ouvindo o mar batendo nos rochedos na praia. Nós dois acabamos dormindo dentro de uma das salas de massagem, abraçados um ao outro para nos aquecer. Não que isso tenha dado muito certo. Os ventos que vêm do Pacífico em abril são muito fortes, e mesmo com o calor dos nossos corpos quase morremos congelados. Pensando bem, isso resolveria o meu conturbado dilema sobre suicídio.

Se Stan não fosse tão bonito e se eu não estivesse tão desesperada para superar o que sentia por aquele idiota que me dispensou como se eu fosse um pacote de biscoitos vazio, eu provavelmente teria dito "não, muito obrigada" e me isolado no meu saco de dormir inflável. Mas fiquei ali até de manhã, quando "a primeira luz do dia" revelou que o tempo todo havia um aquecedor bem ali ao lado do tapetinho onde estávamos abraçados, congelando. Um aquecedor que podia ter sido ligado para nos manter aquecidos!

Resumindo, este livro trata exatamente disso. Existe um aquecedor — ou uma força energética invisível — que está constantemente à nossa disposição e o qual não pretendemos ligar. A maioria de nós nem ao menos sabe que esse aquecedor existe. Nós achamos que a vida é uma sucessão aleatória de problemas e perigos. *C'est la vie*, como dizem os franceses, ou seja, é a vida.

Aqueles que *sabem* da existência desse aquecedor (isto é, do campo energético que nos torna capazes de moldar e delinear as nossas vidas) não entendem exatamente como ele funciona. Ouvimos boatos de que rezar "liga" esse campo energético, que boas ações o mantém funcionando. Mas ninguém parece saber ao certo se isso é mesmo verdade. Um guru nos diz para cantar. Outro sugere a meditação. Aquele insiste que devemos limpar os nossos pensamentos e elevar as nossas vibrações. Mas então é isso? Tudo o que se relaciona a essa fonte de energia é realmente tão vago e misterioso assim? E por que essa energia funciona só às vezes? Na melhor das hipóteses, ela é temperamental e inconstante, algo em que não podemos confiar.

Ou podemos?

O que eu quero demonstrar aqui é que esse campo energético invisível é cem por cento confiável. Funciona o tempo todo, como um princípio matemático ou como uma lei da Física. Dois mais dois é *sempre* igual a quatro. Uma bolinha largada do alto de um edifício *sempre* vai cair. Cada um dos seus pensamentos *sempre* afeta a realidade física.

Ver para crer

Estou abrindo mão de tudo o que sei. A certeza é muito útil, mas pode fechar a sua mente para a verdadeira luz.

— David O. Russell, diretor de cinema

Se você leu O *segredo* ou esteve alguma vez em meio a um grupo de pessoas com conhecimentos metafísicos, já sabe que os pensamentos cocriam a realidade, ou seja, que existe um poder no universo que pode curar e que você e somente você delineia a sua vida. Infelizmente tem um probleminha aí, uma pequena armadilha.

Você não acredita nisso *de fato*. Não inteiramente.

A maioria de nós, na verdade, está agindo com os padrões mentais dos nossos ancestrais. Acreditamos guiar a nossa vida de acordo com os nossos pensamentos e ideias brilhantes. Acreditamos estar afirmando as nossas intenções e criando novas possibilidades, mas na verdade estamos reciclando fitas velhas, de reflexos condicionados e comportamentos automáticos, a maioria dos quais assumimos antes dos cinco anos. Somos

E² – Energia ao quadrado

como os cachorros de Pavlov, reagindo a padrões que escolhemos antes que tivéssemos inteligência suficiente para decidir com sabedoria o que era melhor para nós. A maioria dos pensamentos que assumimos como nossos na verdade são crenças que recebemos dos outros de forma quase imperceptível e sem qualquer questionamento. Assim corroemos os pensamentos positivos em nome da nossa velha programação desencorajadora. Em outras palavras, a consciência, essa força que *sempre* afeta a nossa realidade física, nos foi roubada.

Logo depois que me formei na universidade, arranjei um emprego e estava cuidando da vida, quando percebi que frequentemente pensamentos negativos sobre dinheiro estavam bombardeando a minha cabeça. Eu ficava muito preocupada, me perguntando se ficaria sem dinheiro, se poderia arcar com uma bicicleta que eu queria comprar ou com o computador novo de que eu precisava. Um dia, quando estava correndo como sempre faço de manhã, de repente entendi tudo. Aqueles pensamentos eram reproduções exatas dos comentários que a minha mãe costumava fazer quando eu era criança. E mesmo que não houvesse qualquer indício na minha vida que justificasse aqueles medos, eu os trouxe direto para a consciência sem nem ao menos estar ciente disso.

Não é preciso dizer que esse padrão não me fazia bem algum. Então, conscientemente, redefini o padrão da minha vida financeira: "Eu posso arcar com tudo o que eu quero. Eu sou próspera e bem-sucedida, e nunca mais preciso me preocupar com esse tipo de problema". Como escritora *freelancer* independente, também designei Deus como o CEO da minha carreira. E percebi que não havia jeito de ir em frente nessa profissão tão instável com essa rede defeituosa de pensamentos negativos que tinha trazido do meu passado. Claramente eu precisava de um novo registro energético.

A realidade mudou, cara!

Se trabalhássemos com a hipótese de que o que se aceita ser verdade é realmente verdade, então haveria muito pouca esperança de progresso.

— Orville Wright, inventor

Mesmo que a nossa visão de mundo mecânica e reducionista já tenha se mostrado deficiente, ela ainda está profundamente arraigada à nossa cultura. Os neurocientistas dizem que 95 por cento dos nossos pensamentos são controlados pelo lado subconsciente e pré-programado da nossa mente. Em vez de pensar de verdade, estamos apenas assistindo a um "filme" antigo.

Se você não estiver imerso na confusão sem fim dessa forma de pensar antiquada e fragmentada, pode modificar a sua vida à vontade. Se você nunca se preocupou com dinheiro, se só tem relacionamentos lindos e enriquecedores, se sempre se sente feliz, talvez nunca lhe ocorra pegar um livro com este.

Mas, sendo bastante franca, estou contente que esteja com este pequeno livro nas mãos. Ele vai provar a você, de uma vez por todas, que os seus pensamentos têm poder e que um Campo de Infinitas Possibilidades espera o seu chamado. Ele vai lhe ajudar a redefinir a forma de pensar ultrapassada que está guiando a sua vida.

Em vez de apenas discutir o assunto da mesma forma que todos os outros livros que você já leu sobre a capacidade que os nossos pensamentos têm de transformar a realidade, este livro apresenta nove experiências muito fáceis de fazer que lhe oferecem uma prova imediata disso. Você vai ter a oportunidade de deixar de apenas "saber" que os seus pensamentos criam realidade para testemunhar que isso acontece o tempo todo, em todas as suas decisões diárias.

Nesse ponto, ainda estamos na teoria. Mas ver com os seus próprios olhos que você pode transformar a realidade simplesmente observando-a vai reorganizar o seu cérebro e lhe livrar do seu antigo condicionamento. Aprender, por meio da experimentação científica, o quão profundamente estamos conectados ao Campo de Potencialidades vai realmente libertar você.

Atiramos o mágico pela janela

Minha nossa, como o mundo ainda adora uma gaiola.

— Tess Lynch, escritora e ensaísta

A física quântica define campo como "forças invisíveis em movimento que influenciam o mundo físico". Neste livro, você vai aprender a usar o Campo de Potencialidades em seu próprio benefício. Como a energia é invisível e como nós ainda seguimos princípios antiquados que colocam a materialidade em primeiro plano, ainda não aprendemos a dominar de verdade essa possibilidade.

Pelos próximos 21 dias, que é mais ou menos o tempo necessário para realizar as experiências apresentadas neste livro, você vai ter a oportunidade de desenvolver uma relação consciente com o campo energético (mesmo a matéria, como dizia o físico quântico David Bohm, não é nada mais do que "luz congelada"), aprender a tirar proveito dele e transformá-lo em tudo o que o seu coração deseja — seja paz de espírito, dinheiro ou uma carreira mais recompensadora. Você pode até mesmo direcionar o Campo de Potencialidades para atrair aquelas tão sonhadas férias no Taiti.

Vamos me tomar como exemplo. Há alguns anos, decidi passar um mês na Austrália. Fiquei completamente fascinada por um quiroprático que tinha acabado de aceitar trabalhar com aborígenes lá. Perguntei-me: "Como vamos nos apaixonar um pelo outro se eu estarei no Kansas e ele a mais de 17 mil quilômetros de distância?". Uma olhada no meu extrato bancário teria convencido qualquer pessoa sensata que pagar uma passagem de avião de 1,5 mil dólares para Sidney, o preço na época, estava fora de questão. Mas eu queria ir e tinha sorte de já conhecer o Campo de Potencialidades que podia fazer isso acontecer.

Comecei planejando a viagem, me imaginei pegando onda em Sidney. Quero dizer, eu realmente me dediquei a construir essa imagem na minha cabeça.

Uma semana depois, a minha editora na revista para a qual escrevo ligou.

— Sei que está meio em cima da hora — começou ela —, mas será que existe uma possibilidade de você ir para Austrália cobrir uma lua de mel? Vamos pagar bem.

— Tá bom — falei. — Se você insiste...

Você pode transformar a energia para curar e mudar o seu corpo. Eu estava fazendo uma caminhada com uma amiga nas planícies perto de Steamboat Springs, no Colorado. Seguíamos pela única trilha do parque, e foi então que a minha amiga torceu o pé numa pedra e caiu. Imediatamente ela começou a sentir o tornozelo inchar. Isso nem seria um problema se acontecesse na cidade, perto de uma clínica ortopédica qualquer, mas lembre-se de que estávamos a setenta minutos (isso se andássemos rápido, o que ela não podia fazer porque estava mancando) de um telefone, imagine de uma clínica ortopédica. Eu disse à minha amiga para ordenar ao próprio tornozelo que parasse de inchar. Então ela começou gritar:

— PARE DE INCHAR! ESTÁ TUDO BEM! PARE DE INCHAR AGORA! ESTÁ TUDO BEM!

— Pode dizer isso baixinho, sem problemas — lembrei a ela.

Fizemos isso durante todo o caminho de volta para o acampamento, e ela nem teve que ir ao médico.

Campo de Potencialidades = Potencialidades Infinitas

A vida está esperando em toda parte, o futuro está florescendo em toda parte, mas nós só vemos uma pequena parte dele e pisamos numa grande parte dele com os nossos pés.

— Hermann Hesse, romancista e poeta alemão

As nove experiências deste livro, a maioria das quais levam 48 horas ou menos, vão provar que o Campo de Potencialidades, como a eletricidade, é seguro, previsível e disponível para todos nós, de São Francisco de Assis à mais badalada celebridade do momento. Elas vão provar o que os cientistas descobriram nos últimos cem anos — que esse campo conecta a todos nós e que a razão de podermos controlar as nossas vidas é justamente porque todo pensamento que temos é uma onda de energia que afeta tudo o mais no universo.

Mas, como a eletricidade, você *tem* que se ligar a esse campo. E tem que parar de ser tão enervantemente sem força de vontade. Ninguém em juízo perfeito vai ligar para uma loja de departamentos e pedir: "Por favor, me mande alguma coisa de que eu goste". Da mesma forma você não pode chamar um encanador para consertar o vazamento do banheiro dizendo:

"Venha quando tiver vontade". Mas é assim que a maioria de nós interage com o campo. Somos fracos, vagos e não temos a menor ideia de como ele realmente funciona.

Energia ao quadrado não apenas explica como o Campo de Potencialidades funciona, mas apresenta nove experiências que podem ser realizadas sem que você gaste nenhum dinheiro e em pouquíssimo tempo, e que provam que pensamentos são uma "coisa" física. É isso mesmo, você leu certo. Eu disse "provar".

Os nove princípios energéticos apresentados neste livro vão confirmar que o Campo de Potencialidades está agindo na sua vida quer você tenha consciência da existência dele ou não. Você vai aprender que ele é mais profundo que as leis da Física e mais certeiro do que a Lei da Gravidade — uma vez que aprender a ser preciso e claro como um cristal nas suas intenções e concorde em definir prazos. E ultrapasse essa ilusão maluca de que algo — e você nunca tem certeza do que — está errado. Para trabalhar efetivamente essas leis espirituais, você tem que saber até a raiz dos cabelos que o universo é generoso e que a todo momento está lhe oferecendo ajuda e apoio.

Não lembro exatamente quando comecei a fazer experiências com a minha vida por conta própria. Sei que foi ficando cada vez mais claro para mim que todas as teorias espirituais, livros e aulas com os quais eu ficava tão fascinada eram basicamente inúteis sem a minha participação integral.

Como a maioria das pessoas, comecei com pequenos passos — com intenções simples como achar uma vaga no estacionamento, encontrar um trevo de quatro folhas, conseguir entrevistas com as pessoas que estavam nos noticiários. Mas o que finalmente me convenceu a definir metas, estabelecer prazos e usar um estilo de experimentação científica, algo decisivo para

E² – Energia ao quadrado

o meu verdadeiro crescimento espiritual, foi algo a que agora gosto de me referir como o milagre da tachinha.

Durante anos eu tive um calendário pendurado na cabeceira da minha cama, e marcava nele, de vez em quando, acontecimentos importantes ou então voltava nos meses para ver a data em que eu tinha cortado o cabelo, encontrado alguém ou ido ao dentista. Numa noite peguei o calendário com muita força e arranquei sem querer a tachinha que o prendia à parede. Fiquei um tempão de quatro no chão procurando por ela. O quão longe uma tachinha podia ir, não é mesmo? Procurei e procurei e procurei. Aparentemente, aquela pequena tachinha tinha adquirido a capa da invisibilidade do Harry Potter, porque não estava em lugar algum.

Cheguei à conclusão de que já tinha passado tempo demais engatinhando no tapete do meu quarto. Então enviei uma intenção para que ela aparecesse em 24 horas.

Na manhã seguinte, quando acordei, a tachinha estava na minha mão, aninhada entre o meu polegar e o indicador. Desde então, consegui manifestar toda sorte de coisas boas na minha vida — desde encontros com caras maravilhosos, um trabalho regular escrevendo sobre viagens e até um Toyota novinho em folha —, mas nenhum deles me causou a mesma impressão daquela simples tachinha ali na minha mão.

Eu estava conseguindo resultados tão convincentes com as minhas próprias experiências que decidi que era hora de repeti-los, para ver se elas funcionavam também para as outras pessoas. Comecei sugerindo algumas delas para os meus amigos. Uma amiga que era ministra fez a congregação inteira usar os relatórios que você vai encontrar no fim de cada capítulo.

Rapidamente, todos eles estavam claramente movimentando a energia em volta com "varinhas de Einstein" feitas em casa.

Semanalmente grupos se formavam para fazer experiências regulares. As pessoas estavam manifestando toda a sorte de coisas maravilhosas.

O que eu sei com certeza é que o melhor caminho para entender um princípio espiritual, talvez o único caminho, não é ler sobre isso num livro ou ouvir alguém explicá-lo para um auditório lotado, mas colocá-lo numa prática que demonstre como ele funciona. Ver em ação, como vai acontecer com você nessas experiências, leva à convicção completa e segura. E essa é a única coisa que vai lhe libertar radicalmente daquela arquitetura mental antiquada.

O novo currículo

Encontrei isso aqui, bem aqui, irrompendo com força total bem no meio da vida comum, meio sem graça [...].

— Bob Savino, poeta e sábio de Kansas City

1. O princípio do "Cara que está em toda a parte". Esse é o princípio básico, o fundamento sobre o qual todos os outros princípios repousam. Pode ser resumido da seguinte maneira: "Existe uma força energética invisível ou um campo de infinitas possibilidades". Essa experiência pode ser descrita como sendo um ultimato. Nós vamos dar a essa força exatas 48 horas para se manifestar. Vamos exigir um sinal claro e inconfundível, alguma coisa que não poderá ser desvalorizada como coincidência.

2. O princípio do carro dos seus sonhos. Você se lembra do carro novo que comprou há alguns anos? Quando você pensou, pela primeira vez, que aquele era o carro dos seus sonhos, ele lhe parecia maravilhoso, incomparável. Você achou que seria o único cara na cidade a querer dirigir um deles, todo orgulhoso. Bem, desde o momento em que leu a matéria sobre esse carro numa revista especializada e ficou fazendo as contas de como poderia financiá-lo até o dia em que efetivamente foi à concessionária, percebeu que um em cada oito carros que via nas ruas era do mesmo modelo com que você estava sonhando. E isso é o que acontece quando se começa a pensar muito sobre alguma coisa — você a atrai para a sua vida.

Todo pensamento que temos, todas as nossas opiniões e convicções, tem um impacto no Campo de Potencialidades. Na verdade, a realidade não é nada mais nada menos do que ondas de possibilidade que nós "observamos" até que ganhem forma. Esse princípio estabelece o seguinte: "Você produz um impacto no Campo de Potencialidades e atrai qualquer coisa dele, de acordo com as suas crenças e expectativas". Para provar esse princípio, vamos definir uma intenção bem clara: "É isso que quero atrair do Campo nas próximas 48 horas".

3. O princípio de Albert Einstein. Mesmo que esse princípio — que diz: "Você também é um campo de energia" — seja um dos fundamentos dos princípios espirituais, na verdade ele surgiu pela primeira vez num laboratório de Física. Isso mesmo, foram os cientistas que o descobriram, apesar de todas as aparências demonstrarem o contrário, que os seres humanos não são matéria, mas ondas de energia que se movimentam continuamente. Você já deve ter notado que o título deste livro é uma brincadeira com a famosa equação da teoria da relatividade de Einstein, $E=mc^2$.

Essa será a única experiência que vai necessitar de um instrumento específico — especialmente elaborado e perfeitamente ajustado para realizá-la. Isso mesmo, você vai precisar de um cabide de metal (do tipo comum, que estou imaginando que você tem dentro do armário, a menos que seja um completo bagunceiro), e um canudinho, disponível de graça em qualquer lanchonete.

4. O princípio abracadabra. A maioria das pessoas associa a palavra *abracadabra* com um mágico que tira coelhos da cartola. Mas, na verdade, essa é uma palavra do aramaico, uma língua antiga falada na região da Caldeia, Síria e Assíria, que quer dizer: "Vou criar de acordo com o que eu falar". Essa é uma ideia muito poderosa. É por isso que Thomas Edison, o grande cientista americano do final do século XIX e início do século XX, sempre anunciava a invenção de alguma coisa antes de tê-la inventado. É por isso que o ator Jim Carey fez um cheque de dez milhões de dólares para si mesmo muito antes de sequer ter sido chamado para fazer um filme.

Esse princípio diz simplesmente: "Tudo em que você presta atenção se expande". E nesta experiência você vai aprender que não há um pensamento bobo, uma coisa à toa, e que todos nós somos extremamente irresponsáveis e tolerantes com as divagações das nossas mentes.

5. O princípio da coluna de aconselhamento. Esse princípio estabelece: "A sua conexão com o campo energético produz orientação precisa e sem limites". Ao realinhar a sua consciência à frequência desse campo energético, você pode ter acesso a respostas confiáveis para cada uma das perguntas que fizer. A razão pela qual você não sabe disso é porque adquiriu o estranho hábito de se sentir separado, de não estar em comunhão com o Campo de Potencialidades.

E² – Energia ao quadrado

6. O princípio do super-herói. Nesta experiência, orientada pelo princípio "Os seus pensamentos e a sua consciência causam impacto na matéria", você vai reproduzir a experiência feita pelo dr. Gary Schwartz, professor da Universidade do Arizona, que demonstrou que enviar intenções às plantas faz com que elas cresçam mais rápido e reflitam mais luz do que outras do mesmo tipo, que não receberam intenções.

7. O princípio do controle de peso. Mesmo que você não seja um leitor de rótulos contumaz, sabe que recebemos uma série de nutrientes dos alimentos que comemos, tais como vitaminas e sais minerais, e também, é claro, as famosas calorias. Você provavelmente acha que a quantidade de nutrientes e calorias é algo "preto no branco", isto é, que se o rótulo do iogurte diz que ele tem 187 calorias, então ele tem 187 calorias. O que não deve saber é que os seus pensamentos sobre si mesmo e sobre o que come estão em constante dança com o seu corpo. E que se você se sente culpado por ingerir calorias, a comida que come recebe uma vibração negativa que ricocheteia direto em você. Nesta experiência, ao enviar vibrações amorosas aos alimentos que come, você vai testar o seguinte princípio: "Os seus pensamentos e a sua consciência fornecem o arcabouço do seu corpo físico".

8. O princípio dos 101 dálmatas. Esse princípio espiritual extremamente importante estabelece que "você está conectado com tudo e com todos no universo". Os cientistas chamam isso de não localidade, e se você assistiu ao desenho animado *101 dálmatas*, viu esse princípio em ação. Você se lembra de quando os capangas de Cruella De Vil estavam tentando capturar os filhotes que tinham fugido? O velho terrier escocês no celeiro onde eles estavam escondidos latia, pedindo ajuda a um bassê de caça, que por sua vez latiu a mensagem para um dachshund que passava muito longe, na estrada. Somente na Física Quântica a comunicação acontece instantaneamente. No mesmo instante em que o terrier escocês sabe que os filhotes estão em apuros, o dachshund, a mais de trinta quilômetros de distância também sabe. Tudo o que acontece a uma partícula é instantaneamente comunicado à outra. Nesta experiência, você vai enviar mensagens para pessoas em outros lugares sem usar e-mails, cartas ou a voz.

9. O princípio da multiplicação dos pães e dos peixes. Esse princípio estabelece: "O universo é infinito, abundante e extraordinariamente generoso". O que vai provar que os seus medos são completamente sem sentido e que não há problema nenhum em respirar bem fundo e ir em frente.

Uma visão maior e mais verdadeira

Você não pode mudar as coisas lutando com a realidade que existe. Para mudar algo, construa um novo modelo que faça o atual se tornar obsoleto.

— Buckminster Fuller, visionário e inventor estadunidense

Espero que você fique entusiasmado ao saber que não será a primeira pessoa a fazer experiências com a própria vida. Quando o grande Richard Buckminster Fuller, que faleceu na década de 1980 aos 88 anos, tinha 32, ele decidiu fazer uma experiência para ver o que um indivíduo sem dinheiro e completamente desconhecido podia ser capaz de fazer em prol da humanidade.

E² – Energia ao quadrado

Apelidando a si próprio de Cobaia B, ele se dedicou a mudar o mundo.

Na época em que começou a experiência, ele era o que se poderia chamar de um "zé-ninguém". Desempregado e cheio de dívidas, era casado e tinha uma filha recém-nascida para sustentar. A primeira filha do casal tinha acabado de morrer, e ele começou a beber muito.

As perspectivas dele não pareciam lá muito promissoras. Mas Buckminster decidiu deixar o passado de lado e abandonar os pensamentos limitadores que com frequência tomavam conta dele. Queria saber o que uma pessoa pode fazer para mudar o mundo.

Pelos 56 anos seguintes, ele se dedicou a essa experiência única. E assumiu todos os riscos dessa aventura, se perguntando: "E se eu fizesse isso? E se eu fizesse aquilo?".

Não apenas se tornou arquiteto, inventor, autor e grande líder, mas entre 1927, quando ele começou a fazer a experiência, até a sua morte em 1983, escreveu 28 livros, recebeu 44 títulos honorários, registrou 25 patentes e literalmente mudou a maneira que os seres humanos veem a si mesmos.

É isso que espero que *Energia ao quadrado* possa fazer por você. Espero que este livro mude a maneira como você se vê. Espero que lhe inspire a fazer experiências com a sua própria vida, a usar a energia do universo para se tornar o mais fantástico, alegre, maravilhoso, bonito e amoroso ser humano que pode ser.

Introdução

O colapso da onda:
Quando aprendemos que estamos muito mal-informados

A maior desilusão do homem é a sua convicção de que existem outras causas para o que lhe acontece além do seu próprio estado de consciência.

— Neville Goddard, autor e místico da ilha de Barbados

Todo bom ilusionista entende que o ingrediente mais importante no repertório dos seus truques é a distração. Um mágico *desvia* a atenção da plateia do que ele realmente está fazendo e a *direciona* para alguma outra coisa que pareça muito importante, mas, claro, não é.

Isso é o que temos feito — desviamos a nossa atenção para o mundo físico. Os blefes do mundo sensorial fazem com que esqueçamos o fato de que o invisível, o que *não* podemos ver com os nossos olhos, é, na verdade, muito mais importante para a vida do que o visível.

A Física Quântica nos diz que a energia invisível — mais conhecida como campo energético ou Campo de Potencialidades, como gosto de chamar — é a força básica que governa o mundo material. É o esquema que forma a realidade. Na verdade, nós sabemos agora que o universo é feito nada mais nada menos do que de ondas e partículas de energia que se conformam com as nossas expectativas, opiniões e crenças.

Energias sutis, pensamentos, emoções e consciência desempenham o papel principal nas nossas experiências de vida, mas por eles serem invisíveis, nós não os compreendemos ou os usamos a nosso favor. Mudar o mundo é uma simples questão de mudar essas expectativas e crenças. É fácil assim. Para trazer alguma coisa para o mundo físico temos que prestar atenção não no que estamos vendo, mas no que queremos ver.

Vibrações boas, boas, boas, boas

Está acontecendo o fenômeno El Niño da consciência humana.

— Dianne Collins, autora de *Do You Quantum Think?*

Tá bom, pode perguntar: "Como é que algo tão simples como um pensamento pode influenciar o mundo?". Deixe-me lembrar a você que cem anos atrás ninguém acreditava que canções cantadas pelos participantes de um programa de calouros pudessem atravessar tijolos, vidro, madeira e aço e chegar até o seu aparelho de televisão. Ninguém acreditaria que um celular do tamanho de um baralho permitiria que você conversasse com a sua irmã que está a mais de 3 mil quilômetros de distância.

Os seus pensamentos, igual às transmissões dos canais na televisão e à sua voz no telefone celular, são ondas vibratórias. Quando você escuta um rap, os seus tímpanos estão captando uma onda sonora vibratória. Quando você vê o Brad Pitt usando uma bengala ou a Madonna com uma única luva de couro na entrega do Globo de Ouro em 2012, está vendo exemplos de vibrações de ondas de luz.

E é isso o que os seus pensamentos são — ondas energéticas vibratórias que interagem e influenciam o Campo de Potencialidades. Cada pensamento que você tem, já teve ou terá uma vibração energética que encontra o Campo de Potencialidades, se expandindo eternamente. Essas vibrações encontram outras vibrações, se entrecruzando num incrível labirinto de energia. Coloque energia suficiente junta e, pronto, ela se torna matéria. Lembre-se do que Einstein disse: "A matéria se forma da energia".

O Campo de Potencialidades simplesmente acompanha a energia que você está emanando. E a vibração dos seus pensamentos atrai outras do mesmo tipo. Veja este pequeno exemplo: há alguns anos eu queria muito um espremedor de batatas. Não falei nada com ninguém, apenas disse a mim mesma: "Da próxima vez que for ao supermercado, compre um espremedor de batatas". Naquela noite, a minha amiga Wendy, que estava arrumando gavetas na casa dela, passou lá em casa com várias coisas de que não precisava mais para saber se eu queria alguma delas. Entre os utensílios de cozinha havia um espremedor de batatas. Noutra época, decidi que precisava rir mais na minha vida. E algumas semanas depois comecei a sair com Todd, um colega de trabalho que era muito engraçado e que depois se tornou comediante.

As coincidências que vemos na nossa vida são apenas energia e o Campo de Potencialidades em funcionamento. Na maioria das vezes, empregamos energia de forma descuidada, nos esquecendo do fato de que o que pensamos, dizemos e fazemos faz diferença, sim. Consequentemente, ativamos um poder limitado para seguir um programa padrão que não faz uso da imaginação ou das possibilidades.

As pessoas pensam que Jesus é o princípio e o fim de tudo porque ele era muito bom em manipular energia e matéria. Mas,

E² – Energia ao quadrado

como ele mesmo tão enfaticamente destacou (embora essas não sejam as palavras exatas dele), você também é, ora!

Sou mãe solo, crio a minha filha sozinha, e este não é exatamente o melhor estereótipo do mundo para se enquadrar. É quase como ser negro ou judeu, ou seja, desperta nas pessoas alguns preconceitos. Elas automaticamente esperam que eu seja pobre e que viva às custas de programas governamentais.

Essa opção é certamente um dos canais disponíveis para as mães solo, mas eu prefiro assistir a um canal diferente. Prefiro focar a minha atenção numa realidade diferente.

Veja só o que coloquei no meu website: "Pam Grout viaja pelo mundo a trabalho, é mãe amorosa, autora de vários livros da lista de mais vendidos, milionária e uma inspiração para todos os que encontra em seu caminho". Comecei focando a minha atenção em todas essas coisas vinte anos atrás, antes de ter a minha filha, antes de começar a viajar pelo mundo, ou de escrever o meu primeiro livro, e também muito, muito antes de gostar tanto de mim mesma. Focar a minha atenção no que eu queria obviamente funcionou, porque agora eu posso dizer com orgulho que todas essas coisas que eu disse antes são verdade, exceto uma. E vou deixar você adivinhar qual delas ainda não se manifestou. Até agora, já escrevi vinte livros, dois roteiros, uma série de televisão e vários artigos para revistas que me permitiram não morrer de fome sem um trabalho regular de nove da manhã às cinco da tarde. Escrevo um blog sobre viagens (*www.georgeclooneyslepthere.com*) que já me levou aos sete continentes. Já escrevi sobre praticamente tudo, desde fazer *bungee jumping* na Nova Zelândia, a comprar tapetes no Marrocos e participar da colheita do café na Nicarágua.

Ainda não saltei de paraquedas de um avião, mas tenho que deixar alguma coisa para comemorar os meus noventa anos.

O primeiro passo da iluminação espiritual: parar de se apegar com tanta intensidade à realidade convencional

Somos todos prisioneiros de uma boa história.

— Daniel Quinn, autor de *Ismael*

A realidade não é lá grande coisa.

E não é forçar muito a barra dizer que tudo o que você pensa que é real não é. Os físicos, já há uns cem anos, não sabem o que fazer com o fato de que a visão clássica do mundo de acordo com a física de Newton não tem nenhuma relevância em relação à maneira com que o mundo funciona. O mundo subatômico então desafia toda razão e lógica, e a maioria dos cientistas, com medo de colocar em jogo as credenciais acadêmicas que conseguiram, ignorou o fato, de certa forma, de que a vida não é nem um pouco como ela parece ser.

Na verdade, isso é tão maluco — partículas surgindo do nada, o tempo desacelerando e acelerando novamente, reagindo e se comunicando umas com as outras, mesmo quando separadas por milhares de quilômetros — que a única coisa que os cientistas fizeram com essa informação até agora foi desenvolver tecnologias que nos permitem explodir uns aos outros, enviar e-mails, receber mensagens no celular e esquentar congelados no micro-ondas para o jantar.

Mesmo os dois principais fundamentos da realidade física — espaço e tempo — não são o que parecem. Esses dois conceitos físicos não são nada mais do que ilusões de ótica extremamente convincentes. Os físicos como Bernard d'Espagnat, que recentemente ganhou um prêmio de quase 1,5 milhão de dólares, nos dizem que já é tempo de trocarmos a nossa velha formulação das leis naturais pela radicalmente diferente e mais precisa visão da realidade na qual a consciência por ela mesma cria o mundo material.

Muito embora todo físico na face da Terra saiba sobre esse universo maluco em que a matéria passa a existir do nada e em que os elétrons podem saltar de uma órbita à outra sem viajar através do espaço interveniente, a maioria resolveu ignorar isso, dar de ombros e dizer com o mesmo desdém de sempre: "Que seja!".

Não é que eles estejam negando que isso aconteça. Como mencionei antes, eles já usaram a nova física para desenvolver o laser, transístores, supercondutores e bombas atômicas. Mas não podem sequer começar a explicar como esse mundo quântico funciona. Como o físico James Trefil observou: "Nós encontramos uma parte do universo que nossos cérebros ainda não são capazes de entender".

Poucos físicos corajosos estão começando a reconhecer que as preciosas hipóteses com que trabalham podem estar erradas. Estão admitindo que os dogmas fundamentais da realidade material já não se sustentam. Alguns são corajosos o bastante para admitir que a consciência por si só cria o mundo físico. (Como dr. Fred Alan Wolf, um físico mais conhecido como dr. Quântico, diz: "Parece que tudo se resume ao seguinte: o universo não existe sem alguém que perceba esse universo".)

Tudo o que tenho para dizer é que é uma questão de tempo.

"Um curso em milagres", que é um programa de estudo individual em psicologia espiritual que tenho praticado e ensinado há 25 anos, sempre defendeu a ideia de que a consciência cria o mundo material. Isso quer dizer que nós, seres humanos, decidimos antecipadamente como vamos viver a vida, que nós escolhemos de antemão o que queremos ver.

O problema é que todos nós olhamos para o mundo como se estivéssemos zangados ou ofendidos de alguma forma. Tudo o que precisamos fazer para mudar o curso das nossas vidas ruins é superar o nosso permanente rancor em relação ao mundo, para ativamente ver e esperar uma realidade diferente. Como sempre, devotamos toda a nossa atenção e tempo (toda a nossa consciência, se você preferir) para as coisas que não queremos.

Mas isso é apenas um mau hábito. E como qualquer outro mau hábito, pode ser superado com consciência e dedicação.

É o que não é

A ideia de que o mundo se constrói por meio da experiência dos cinco sentidos não é mais adequada e, em muitos casos, não é mais válida.

— Dr. Shafica Karagulla, psiquiatra turco

Justamente agora, o planeta que você chama de seu está girando a uma velocidade de quase 1,5 mil quilômetros por hora. E está orbitando ao redor do Sol a uma impressionante velocidade de 107 mil quilômetros por hora. Mas, a menos que tenha bebido alguns copos de cerveja, você provavelmente não tem consciência desse movimento. Esse é apenas mais um pequeno exemplo de como distorcemos a realidade.

Acaba que quase todos os conceitos e ideias que aceitamos como já dados são distorções. Muito cedo — digamos que em algum momento perto do nosso nascimento —, os nossos cérebros estabelecem um padrão de percepção e então começam a filtrar as coisas que se adequam a essa percepção. Em outras palavras, nós só conseguimos ter a experiência das coisas que estão de acordo com a nossa percepção muito limitada.

E² – Energia ao quadrado

Uma garota das Filipinas me disse que, quando ela chegou aos Estados Unidos, se passaram algumas semanas, talvez meses, até que percebesse de verdade que algumas pessoas eram ruivas, pessoas que ela conhecia bem e com as quais lidava diariamente. Cabelos vermelhos eram algo que não estava de acordo com o que ela tinha sido condicionada a ver e esperar. Então, por vários meses, ela ficou subjetivamente cega para os cabelos vermelhos, vendo-os como castanhos.

Os cientistas sabem agora que o cérebro recebe 400 bilhões de bits de informação por segundo. Para dar a você uma ideia da quantidade de informação que isso significa, considere que seriam precisos aproximadamente 600 mil livros de tamanho médio apenas para registrar 400 bilhões de zeros. Não é preciso dizer que isso tem muitíssimo de realidade. Então o que nós fazemos? Começamos a selecionar. Começamos a restringir. *Vou pegar esse bit de informação aqui, e vamos ver, esse aqui combina perfeitamente com a minha permanente ladainha em relação ao sexo oposto.* Quando tudo foi dito e feito, estamos perto de alcançar os 2 mil bits de informação — ou talvez menos. Vá em frente, pode ficar de boca aberta à vontade, porque isso é mesmo muito impressionante. Estamos falando de 2 mil bits de informação a cada segundo. Mas aí é que está o problema. O que decidimos escolher para ver e usar é apenas metade de um milionésimo da porcentagem que está aí fora.

Vamos fingir que cada ponto feito por uma caneta-tinteiro é um bit de informação. Tenho treinado, e o máximo de pontos que consigo fazer num segundo são cinco. Mas vamos ser generosos e acreditar que você é um fazedor de pontos bem melhor que eu. Vamos supor que consiga fazer dez pontos por segundo. E novamente, estamos assumindo que um ponto é um bit de informação. Para fazer tantos pontos quantos o seu cérebro é capaz de processar num segundo leva três minutos e meio numa velocidade superior a dez pontos por segundo. Mas se o seu cérebro estiver processando toda a informação disponível (400 bilhões de pontos), levaria 821 anos!

Os nossos cérebros continuamente saltam de uma possibilidade à outra e escolhem que bits de informação ver e em que acreditar. Sem levar em consideração uma certa dose de preguiça, as coisas que escolhemos perceber — e não se engane... isso *é* uma escolha — são as que já conhecemos. São coisas que decidimos há muito, muito tempo. Nós vemos, sentimos, provamos, tocamos e cheiramos não o mundo real, mas uma versão dramaticamente condensada do mundo, uma versão que os nossos cérebros literalmente inventam. O restante paira sem reconhecimento. John Maunsell, neurocientista da Universidade Harvard, diz: "As pessoas pensam que estão vendo o que está realmente ali, mas não estão".

Uma vez que o cérebro decide que bits perceber, constrói pontes entre as células nervosas, entrelaçando as fibras nervosas para criar caminhos neuronais. O ser humano médio tem 100 bilhões de células nervosas, cada uma delas com inumeráveis ramificações, então diferentes caminhos são construídos em cada cérebro. O mapa dos caminhos neuronais no seu cérebro e no de, digamos, Johnny Depp são tão diferentes como os mapas de dois estados bem distintos.

Uma vez conhecendo os caminhos desse mapa, você para de viajar pelo restante do país. Onde vivo, no Kansas, nos Estados Unidos, há uma rodovia, a interestadual 70, que é uma metáfora perfeita para isso. O Kansas — o estado em que se passa *O mágico de Oz*, filmado em preto e branco — tem uma grande diversidade geológica. Há uma espécie de Grand Canyon em miniatura a noroeste, por exemplo, e uma imensa formação de rochas calcárias chamada Castle Rock, ou castelo de pedra, perto da cidade de Quinter. Mas já que as pessoas que passam pelo Kansas raramente saem da interestadual 70, ninguém tem a menor ideia de que essas formações geológicas existem. As simplesmente ignoram a beleza e a paisagem que vale a pena ser vista, e chegam à conclusão errada de que o Kansas é completamente plano e enfadonho. Mas essa não é a realidade.

Da mesma forma que quem planejou a interestadual 70 optou por fazê-la na parte mais plana e de fácil acesso do Kansas, nós também construímos os nossos caminhos neuronais pelas rotas mais simples — aquelas que já percorremos muitas vezes antes. Mas isso não nos mostra a realidade. Não chega nem perto disso. Nós nem começamos a ver o que está aí para ser visto — apenas três minutos e meio comparados com 821 anos.

As estradas e rodovias do nosso cérebro se formam muito cedo. Quando nascemos, todas as possibilidades existem. Vamos pegar como exemplo a aquisição da linguagem. Em cada recém-nascido existe a habilidade de pronunciar qualquer som em qualquer uma das línguas existentes. O potencial está ali tanto para a língua portuguesa como para a alemã, por exemplo.

Mas, muito cedo, os nossos cérebros estabelecem caminhos neuronais que reconhecem os sons que ouvimos todos os dias, eliminando os outros das demais línguas.

Todo mundo que fala português consegue dizer a frase "O rato roeu a roupa do rei de Roma". Mas quando um chinês tenta aprender português, eles não têm mais os caminhos neuronais para dizer corretamente os erres, então essa é a razão para que o "rato roeu" vire o "lato loeu". Como não quero que ninguém me chame de etnocêntrica, então devo dizer que já tentei várias vezes falar alemão e descobri que os meus caminhos neuronais para essa língua foram cortados de uma vez por todas.

Talvez o melhor exemplo de como as nossas mentes criam a própria realidade virtual seja os sonhos comuns e nem um pouco interessantes que temos todos os dias. Quando um apresentador de TV apareceu na minha casa na noite passada com uma câmera, fazendo perguntas embaraçosas, parecia mesmo de verdade. Mas quando o despertador tocou, o apresentador e aquele programa de entrevistas virtual desapareceram como uma bolha de sabão.

O nosso caminho neuronal estabelece reprises do que já aconteceu antes. Como uma criancinha de três anos que insiste em ver *A pequena sereia* de novo e de novo e de novo, nós nos agarramos às nossas mais distorcidas ilusões com uma tenacidade feroz. *Tire as mãos sujas das minhas ilusões!* Mesmo que isso nos faça infelizes, preferimos botar fé na infelicidade que construímos.

Observamos as coisas e elas ganham forma

Para isso não é preciso ter fé. É preciso ter imaginação. [...] Se fica claro nos seus pensamentos, está vindo na sua direção neste exato momento.

— Richard Bach, autor de *Ilusões*
e de outros romances metafísicos

Sinceramente, acho que aprender a transformar a energia é algo tão importante que devia ser ensinado às crianças nas escolas, assim como aprender a ler, escrever e fazer contas. E tudo começa com uma intenção, a força que existe por trás de tudo. A energia é o combustível, a carga elétrica que estabelece um campo ressonante e envia ondas de probabilidades para o Campo de Potencialidades. Esther Hicks, que é facilitadora dos trabalhos de Abraham-Hicks, chama isso de "lançar o foguete do desejo". Dedicar atenção gera matéria.

No minuto em que faz uma intenção, você cria essa intenção. É instantâneo. Passa a existir como algo real. Você não vê porque ainda está agindo numa linha de tempo linear. Ainda está preso ao velho adágio que diz que "criar coisas leva tempo". Então continua trabalhando e esperando. Continua seguindo os sete passos do livro de autoajuda do momento.

Mas veja só o que a Física nos diz. As coisas, no mundo quântico, não acontecem em passos. Elas acontecem imediatamente.

Então as coisas que pretende ter, no minuto em que você pretende tê-las, passam a existir, mas como o gato de Schrödinger, um famoso experimento mental realizado em 1935 pelo físico austríaco Erwin Schrödinger, você está apenas consciente da realidade que escolheu observar. A manifestação física permanece encoberta fora da sua consciência presente.

Físicos de ponta nos dizem que a vida é multidimensional. Mas a maioria de nós está presa à nossa realidade física de uma só dimensão, restrita ao que podemos experimentar com os cinco sentidos. O que nós experimentamos com esses pretensamente infalíveis instrumentos de observação não é nada mais do que aquilo que decidimos procurar. Não é nem mesmo aquela velha questão do ovo e da galinha. O que vemos, experimentamos e sentimos com os nossos cinco sentidos sempre vem depois da decisão de ver, experimentar e sentir.

Comparo a consciência a um gigantesco arranha-céu. Posso viver no segundo andar, mas a "coisa" que criei com o meu pensamento está lá no alto, no décimo sétimo. Até que eu chegue lá, me parece que está faltando alguma coisa, que ainda estou esperando.

Uma outra ótima analogia é o aparelho de televisão. Se você tem TV a cabo, com inúmeros canais à sua disposição, basta apenas pegar o controle remoto. Mas só pode assistir a um canal de cada vez. Quando está assistindo a uma comédia, dando gargalhadas com os personagens e suas excentricidades, está completamente inconsciente do que está passando nos outros canais. É por isso que é muito importante sintonizar no canal que você quer. Não perca o tempo com a realidade da qual você está tentando sair. Sintonize apenas na sua intenção.

Razões por que sintonizamos em programas que não gostamos

Nós vivemos num mundo que valoriza limitações.

—Tama Kieves, autora de *This Time I Dance!*

1. Nós não estamos realmente aqui. Não "neste momento". O agora é o centro do poder. É por isso que é tão fácil para um iogue, que conscientemente consegue limpar a estática mental, alterar a própria frequência cardíaca, pulso e outras funções corporais. Se você não está realmente aqui, a sua mente não está disponível para fazer o que você está pedindo que ela faça. É imperativo praticar conscientemente, manter a consciência a cada momento. Do contrário você está agindo a partir das velhas crenças arraigadas, crenças que você recebeu antes de ter cinco anos de idade. Você realmente quer que uma criança de cinco anos comande a sua vida?

Quando percebo que a minha consciência está fora do aqui e agora, o que infelizmente acontece na grande maioria do tempo, gentilmente me lembro dessa analogia: o motorista do SEDEX entrega na minha casa tudo o que eu quiser, mas se eu sair de casa, não vou nem perceber que isso aconteceu. Estarei por aí, procurando substitutos insignificantes para o que eu realmente quero. Todas as coisas já estão aí, desde que eu traga a minha consciência de volta para a intemporalidade do "agora".

2. Nós achamos que é muito difícil. O poder de criar a realidade com os nossos pensamentos é algo muito fácil e simples. Não há o que discutir. Mas continuamos a dizer aos nossos amigos e especialmente a nós mesmos que é difícil ou que ainda estamos tentando conseguir. Apenas repare nos próximos dias com que frequência você afirma que é difícil ou que é um grande desafio. Preste atenção com que frequência diz "As coisas sempre são assim" ou "Isso sempre acontece na minha família". Passamos tanto tempo falando sobre o que não funciona que perdemos o ponto central, isto é, que nós temos o poder de criar algo *exímio*.

3. Nós espreitamos a negatividade. O que nós estudamos? Doenças, problemas e calamidades do passado. Para o que nos preparamos? Emergências. Nós adoramos mergulhar nos problemas e nos perguntar "O que está errado?". É um velho modelo, que precisa ser totalmente transformado. Uma vez que a gente começa a procurar pelo que está certo, as nossas vidas vão começar a se movimentar em inimagináveis e emocionantes novas direções.

E aqui está a verdade. Toda coisa "errada", que na verdade não é nada mais do que um julgamento precipitado, tem um outro lado. A falta é o outro lado da abundância. A doença é o outro lado da saúde. Ambas as ideias existem ao mesmo tempo.

Ambas são verdadeiras. Ao escolher ver apenas um dos lados, o outro aspecto igualmente provável fica escondido.

Infelizmente, enquanto vive na consciência do espaço e tempo, você pode observar apenas um lado da moeda de cada vez. Mas é importante se dar conta de que o outro lado é tão real quanto o que você está vendo e que, a qualquer momento, você pode simplesmente virar para o outro lado. Os opostos (como abundância e falta, por exemplo) são ambos verdadeiros. É uma questão de em qual realidade prefere viver.

4. Puxa vida, nós achávamos que tínhamos entendido. Uma vez que você define alguma coisa, não a questiona. Uma vez que sabe alguma coisa, ela se torna realidade. Mas saber algo é excessivamente restritivo. Falando quanticamente, isso provoca um colapso da onda, não deixando espaço para o mistério, para a maravilha e para as novas descobertas. Pense sobre isso. Se está carregando um livro numa das mãos e na outra uma sacola de supermercado cheia, não há como pegar mais nada. Você pode ter muito conhecimento e uma série de diplomas, emoldurados e pendurados na parede do segundo andar daquele arranha-céu. Mas lembre-se de que existem vários outros andares (ou seja, dimensões) e tudo o que sabe pode bloquear as potencialidades.

5. A nossa mente é tão poderosa que pode criar algo fora dela que seja mais poderoso ainda. Essa é a razão pela qual é essencial, quando for fazer as experiências, suspender o julgamento por tempo suficiente para acreditar que elas vão funcionar. Se você está convencido do monte de bobagens tamanho família em que acredita, vai reunir dados que apoiem o seu ponto de vista.

6. Nós não praticamos de verdade. Usar o Campo de Potencialidades para direcionar a sua vida não é um exercício intelectual. Não é teoria. É uma prática. Como aprender as escalas musicais. Ou a jogar pingue-pongue. Um grande jogador de futebol pode começar a brilhar em campo aos dezoito anos, mas já acumula anos de treino e de outros jogos e ainda dedica boa parte do seu dia a se exercitar fisicamente e treinar. Você não pode saber a sabedoria. Você só pode ser sábio. E é aí que este livro entra.

Escolhendo outro canal

Emancipe-se da escravidão mental. Ninguém a não ser nós mesmos pode libertar as nossas mentes.

— Frase de um banner na home page do Green Living, um site canadense dedicado a fornecer informações sobre produtos orgânicos, saudáveis e ecológicos

O propósito deste livro é libertar você da prisão das suas ilusões, ajudá-lo a colocar de lado o roteiro que acredita que seja a realidade. A boa notícia é que você não precisa mudar o seu comportamento. Tudo o que precisa fazer é mudar a sua mente.

Para o caso de você não ter entrado no site de qualquer livraria recentemente, existem agora mesmo milhares de livros sobre como transformar o seu corpo. Na minha última contagem, o bumbum possui nada mais nada menos do que 678 livros que prometem deixá-lo bem firme. Mas pelo que sei, não há um só livro sobre como deixar a sua mente em forma. E, no entanto, a sua mente, como todos os caminhos neuronais já previamente estabelecidos e malcompreendidos, é a raiz de todos os seus problemas. Lembre-se de que é a consciência, como físicos corajosos tais como Fred Wolf estão começando a admitir, que cria a realidade física. Mesmo aquele bumbum que não é durinho ainda.

Você pode voltar seguidas vezes àquela loja de sapatos, mas eles nunca vão vender leite. E todas aquelas tentativas desesperadas de transformar o seu corpo, o seu relacionamento, ou qualquer outra coisa em sua vida nunca vão funcionar até que aprenda a transformar e moldar a sua mente.

É bastante difícil controlar a mente quando pensamos que tem que fazer isso o tempo todo. Mas ao estabelecer um intervalo de tempo definido, como você vai fazer nas experiências deste livro, a sua mente pode ser treinada para fazer isso. É como um programa de doze passos. Tentar ficar sóbrio de uma vez, para sempre, não funciona. Um dia de cada vez? Isso já é algo com que a mente pode lidar.

Todas as experiências deste livro levam 48 horas ou menos. São apenas dois dias em toda uma vida. Mesmo uma mente bem fraquinha pode se comprometer com isso. Por que dou a você 48 horas? Esse é o bom e velho princípio do prazo final. Quando o editor dá ao autor um prazo final, esse autor sabe que vai ser cobrado pelo manuscrito depois desse prazo. Um prazo final nos dá uma expectativa, algo a buscar. Quando você está numa estradinha desconhecida, procurando pela caixa de correio verde onde deve virar à esquerda para seguir em direção à casa da pessoa com quem vai se encontrar pela primeira vez, ajuda saber que a caixa está a uns dez quilômetros da última saída. Do contrário, você começa a se perguntar se já passou pela caixa de correio e muitas vezes acaba voltando antes da hora. O prazo final simplesmente faz você prestar atenção.

Uma vez, pedi um conselho para saber se eu devia ou não começar a escrever como *freelancer* em tempo integral. Eu estava trabalhando numa empresa vinte horas por semana e escrevia paralelamente.

"Eu realmente gosto da empresa onde trabalho", eu disse, "mas tenho esse sonho, entende?, de ser escritora *freelancer* em tempo integral. Não é que eu não goste de escrever as cartas de captação de recursos financeiros. É que eu quero poder contar as minhas próprias histórias, escrever sobre coisas que estão no meu coração. O que é que você acha?".

Eu já estava recebendo muitos trabalhos. Grandes revistas de circulação nacional me procuravam. Fiz novos contatos, havia um certo interesse nas ideias para colunas que apresentei. Isso já seria resposta o suficiente para muitas pessoas.

Mas sou incisiva. Eu queria um sinal inquestionável.

"Tá bom", continuei, "preciso de um sinal que não possa ser interpretado como uma mera coincidência. Além disso, estou me impondo um prazo específico. Eu preciso ter uma resposta concreta nas próximas 24 horas."

No dia seguinte, fui demitida.

Noutro momento, quando o trabalho como *freelancer* estava indo meio devagar, comecei a mandar currículos, algo que só faço quando entro em pânico. E, como era de se esperar, me ofereceram um emprego em algumas semanas. A oferta — escrever material de marketing para uma empresa de ônibus local (eu não disse que me ofereceram um emprego interessante em algumas semanas) — pagava mais do que jamais tinha recebido em toda a minha vida. Como é que eu poderia não aceitá-la naquele momento?

Eu estava mesmo preparada para renunciar a minha carreira de escritora *freelancer*? Novamente, pedi um sinal bem claro. E precisava recebê-lo em 24 horas porque nesse prazo teria que dar uma resposta ao meu provável futuro empregador.

Na manhã seguinte, a revista para a qual eu sonhava em trabalhar me ligou para passar um trabalho.

Desliguei o telefone, vibrei e fiz uma daquelas dancinhas que os jogadores de futebol fazem quando marcam um gol. Mas a minha orientação devia estar com vontade de se mostrar naquele dia, porque nem quinze minutos depois, uma outra revista da qual nunca tinha ouvido falar, quanto mais entrado em contato, me ligou, querendo que eu escrevesse uma história sobre os steaks de Kansas City. Tive que telefonar e dizer ao meu provável futuro chefe:

— Obrigada por pensar em mim, mas... não, obrigada.

Estar no reino dos céus, como "Um curso em milagres" propõe, é apenas focar a sua atenção completa naquilo que se desejar saber. Você só tem que estar disposto a compreender a mensagem.

Normalmente as nossas mentes se dedicam às coisas que não queremos. As nossas intenções positivas ocupam nada mais do que uma parte minúscula das nossas mentes. O resto fica focado em problemas que nós esperamos que as intenções eliminem. A maior parte do nosso poder mental se dedica às velhas crenças de escassez, problemas de relacionamento e num Deus que lança bolas de fogo do céu.

A razão pela qual 99,9 por cento da sua cabeça ainda se dedica a coisas que não quer é porque essa é a configuração padrão do mundo, que se define como normal. Essa configuração vê as notícias sobre enchentes e terremotos, ouve histórias sobre os ataques epilépticos de alguém que você conhece e diz: "Tá vendo só?! O que eu vivo lhe dizendo?". É praticamente impossível superar a configuração padrão do mundo mesmo que saiba — ao menos teoricamente — que um outro caminho é possível.

Pensemos, por exemplo, na possibilidade de ficar sem dinheiro. A maioria de nós concorda que não quer, de jeito algum, ficar sem dinheiro. Então o que fazemos? Nós nos dedicamos a evitar isso com todas as nossas forças. Trabalhamos horas e horas. Ligamos para os nossos gerentes do banco. Lemos livros e artigos sobre como enriquecer, completamente alheios ao fato de que, ao tentar ficarmos ricos, estamos dedicando a nossa atenção à ideia de que não somos ricos ainda. Consequentemente, decidimos antecipadamente que estamos sem dinheiro.

Se apenas dedicássemos a nossa atenção a nos sentirmos ricos, a sermos gratos por todas as riquezas já presentes na nossa vida — por exemplo, a nossa família e os nossos amigos —, a ideia da possibilidade de ficarmos sem dinheiro desapareceria. Nós apenas experimentamos isso porque dedicamos o nosso pensamento a isso. O que mostra como a nossa mente é poderosa.

A minha amiga Carla acredita firmemente que, quando a gente se sente sem qualquer dinheiro, deve sair para fazer compras. Imediatamente. "Você dá logo uma chacoalhada na cabeça", acho que é assim que ela explicaria. Tentei fazer isso uma vez numa viagem para a ilha Mackinac, em Michigan. Eu estava começando a minha carreira de *freelancer*, ainda sem muita certeza se conseguiria me equilibrar financeiramente. Fiquei no luxuoso e tradicional Grand Hotel, ligeiramente consciente de que as roupas que tinha jogado dentro da mala no último minuto não faziam jus ao guarda-roupa de Jane Seymour no filme *Em algum lugar do passado*, inteiramente rodado naquele hotel, nem ao dos hóspedes *atuais*, mastigando com elegância os biscoitos que acompanham o chá servido no salão principal. Era nítido que eu estava muito malvestida. E os jantares com os homens de terno e gravata ainda nem tinham começado.

Fui meio sem vontade até uma loja e os meus olhos se deixaram atrair por um vestido de seda deslumbrante. Uma olhada rápida na etiqueta do preço me deu a prova definitiva de que aquela maravilha estava muito além do meu orçamento — na verdade, era quatro vezes mais caro do que normalmente eu pagaria num vestido. Foi então que eu soube que tinha que comprá-lo. E tinha que "agir como se fosse" a escritora *freelancer* bem-sucedida que eu queria ser. Comprei aquele vestido sabendo que estava pavimentando o caminho do meu sucesso financeiro na minha nova carreira.

Como um cachorrinho desobediente

Todos pensam em mudar o mundo, mas ninguém pensa em mudar a si mesmo.

— Liev Tolstói, escritor russo

Se o seu cérebro é como o meu (meio devagar, que se distrai e se confunde com facilidade), mudar os pensamentos pode ser algo bastante desafiador. Gosto de compará-lo a um cachorrinho muito desobediente.

Você o leva, de novo, para fora de casa e lhe mostra uma realidade diferente até que ele finalmente percebe: *Uau, tem um mundão inteiro aqui fora. E é muito mais divertido fazer xixi nas árvores, nos arbustos e hidrantes do que nos chinelos velhos e esbeiçados da Pam.* A sua mente vai ficar impressionada com a beleza que está disponível quando você coloca essa beleza em foco. Uma paz profunda vai surgir. Grandes ideias vão se materializar e florescer. A alegria vai tomar conta de tudo.

A única coisa que precisa fazer é dedicar a sua atenção apenas ao que você quer. Se quer paz, pense em paz. Se quer amor, pense em amor. Se quer um par de sapatos Jimmy Choo, pense em um par de sapatos Jimmy Choo. Não pense que a paz parece impossível, nem que o amor parece efêmero, nem que não há dinheiro suficiente na sua conta para comprar um par de sapatos Jimmy Choo. Mantenha os seus pensamentos focados no que você quer. E toda vez que o cachorrinho começar a ir na direção dos seus chinelos velhos, pegue-o e leve-o de novo lá para fora.

No filme *Chamas da vingança*, Denzel Washington interpreta um ex-agente das Forças Especiais que se torna guarda-costas de Pita, a filhinha de nove anos de um empresário mexicano riquíssimo. Apesar do personagem de Denzel tentar não se envolver muito naquela situação, acaba se tornando uma espécie de figura paterna para Pita, ajudando-a nos deveres de casa e a voltar para a equipe de natação da escola, uma atividade de que ela gosta muito mais do que das aulas de piano que o pai insiste que ela faça. Enquanto Pita está nadando, Denzel fica gritando, repetindo a mesma pergunta: "Preparada ou despreparada?". E Pita grita de volta, animada: "Preparada!".

Então vou fazer essa mesma pergunta: o seu cérebro está preparado ou despreparado?

Espero que logo, logo você possa me responder com a mesma animação: "Preparado!".

A mais importante descoberta e desenvolvimento dos próximos anos vai se dar na esfera espiritual. Existe uma força, e a história mostra isso muito claramente, que foi a mais importante no desenvolvimento do homem e, no entanto, nós temos apenas brincado com ela e nunca a estudamos seriamente como fizemos com as forças da natureza física. Algum dia, as pessoas vão aprender que coisas materiais não trazem felicidade e que são de pouca serventia quando se trata de fazer homens e mulheres criativos e poderosos. Então os cientistas do mundo vão destinar os laboratórios ao estudo das forças espirituais. Quando esse dia chegar, o mundo vai ver mais progresso numa só geração do que nas últimas quatro.

— Charles Proteus Steinmetz,
inventor do motor de corrente alternada

As preliminares

A vida inteira é uma experiência. E quanto mais experiências você fizer, melhor.

> — Ralph Waldo Emerson, escritor e ensaísta americano

Você não precisa de um jaleco branco, nem de nanotubos de carbono, nem mesmo daqueles óculos de proteção horrorosos para fazer as experiências deste livro. Tudo o que precisa é de uma mente aberta e da capacidade de observar, registrar os resultados e estar disposto a perceber as coisas numa perspectiva completamente nova.

Para aqueles que levavam pau em Química e Física na escola, vamos começar com uma breve retrospectiva.

Os conceitos básicos da ciência

Nada me choca. Sou cientista.

> — Frase numa camiseta do designer J. Bertrand

E² – Energia ao quadrado

1. O que é *ciência* exatamente? De acordo com o dicionário, ciência é "o conhecimento adquirido por meio de estudo ou prática". Normalmente começa com uma teoria.

2. Tá bom, mas... o que é uma *teoria*? Para a maioria de nós, teoria é algo meio vago e indistinto. Mas quando falamos de uma teoria científica, estamos falando de um sistema conceitual que explica as observações existentes e prediz outras novas. Uma teoria não é aceita baseada no prestígio ou no poder de convencimento dos seus proponentes, mas nos resultados obtidos por meio da observação e/ou experiências que qualquer um pode reproduzir. Por exemplo, a Teoria da Gravidade pode ser provada por qualquer pessoa, seja ela uma criancinha pulando da cama ou um sacerdote vudu saltando por cima de uma cabra oferecida em sacrifício. Na verdade, a maioria das experiências laboratoriais são repetidas inúmeras vezes.

A outra característica da teoria científica é que ela pode ser testada, isto é, uma experiência pode também provar que a teoria *não* é verdadeira. A teoria de que Marte é habitado por homenzinhos verdes que saem voando quando se tenta capturá--los não pode ser testada porque nela os marcianos sempre desaparecem quando alguém tenta pegá-los. Mas a teoria de que "os marcianos não existem" é científica porque não se pode testá-la, capturando-se um marciano e levando-o a um programa de entrevistas na televisão.

3. E agora, o que é uma *hipótese*? De novo, na linguagem comum, uma hipótese é sinônimo de suposição, mas para um cientista, é uma afirmação de trabalho sobre como o mundo funciona. Toda experiência começa com uma hipótese. Fazem-se observações sobre como o mundo funciona e então chega-se a uma hipótese, que pode ser testada para se verificar se ela é verdadeira ou não. Normalmente isso é descrito numa afirmação, que pode ser refutada ou provada. Geralmente é uma afirmação "se... então" (se eu fizer isso e isso, então aquilo e aquilo vai acontecer): "Se x está acontecendo, então y se dará em seguida". Ou: "Como x está aumentando, então y também aumentará". Essa é a estrutura do método científico.

4. Com licença, mas... um *método científico?* O método científico é universalmente aceito como o melhor caminho para separar a verdade de mentiras e ilusões. A versão mais simples é algo assim:

- Faça uma pergunta.
- Colete informações.
- Formule uma hipótese.
- Teste a hipótese.
- Registre e analise os dados.
- Chegue a conclusões.

A grande vantagem do método científico é que ele não tem preconceitos. Funciona da mesma maneira para qualquer um. As conclusões permanecerão, independente da cor da nossa pele, da nossa religião, ou do tamanho do nosso sapato.

E² – Energia ao quadrado

Duas regras básicas

Você está fazendo isso porque é sensacional, corajoso e curioso. E, claro, também é, provavelmente, um pouco maluco. Mas isso é uma coisa boa.

— Chris Baty, fundador do Mês Nacional de Escrever Romances (NaNoWriMo)

Cada um dos capítulos que se seguem apresentam um importante princípio espiritual e uma experiência científica empírica para demonstrar a validade desse princípio. Você pode fazer as experiências uma atrás da outra (o que a maioria das pessoas faz porque fica muito animada depois da primeira) ou pode ir fazendo devagar. Uma nesta semana. Outra na próxima. Como quiser.

Antes de começar cada experiência, faça a intenção de abandonar antigos condicionamentos. Sempre começo com essa frase de "Um curso em milagres": "Mantenha a mente aberta e livre-se dos pensamentos que podem enganá-lo".

E então fique alerta para receber as provas. Procure por elas da mesma maneira que procuraria as chaves do carro se não soubesse onde elas estão. Imagine que precisa muito das chaves do carro. Tem que ir ao supermercado, a despensa está praticamente vazia. Depois de procurar em todos os lugares onde normalmente as coloca — na bolsa, no bolso da calça, no móvel perto da porta —, você começa a levantar as almofadas, engatinhar debaixo da cama e até dá uma olhada na caixa de areia do gato. Mas uma coisa é certa: você não para de procurá--la até colocar as suas patinhas sujas nelas.

Se você vai até o supermercado comprar um detergente para lavar a louça, não volta para casa até encontrá-lo, certo? Se vai até a livraria comprar o novo romance do seu escritor favorito, não volta para casa com a desculpa esfarrapada de não ter conseguido encontrar a letra do sobrenome dele nas prateleiras. Você vai até a livraria sabendo que o que procura está lá.

No fim de cada capítulo, há um relatório da experiência bastante parecido com os que os cientistas de verdade preenchem nos laboratórios. É muito importante anotar o momento em que você começa a fazer a experiência. Tome notas, documente cada achado. Quanto mais detalhado o mapa, melhor será o modelo para estudos subsequentes. Toda vez que se concentrar nas suas percepções e experiências, esteja disposto a correr o risco de estar "errado" para que possa analisar os detalhes verificáveis e provar que está certo.

Pronto para se tornar um cientista maluco?

Experiência Nº 1

O princípio do "cara que está em toda parte":

HÁ UMA FORÇA ENERGÉTICA INVISÍVEL OU UM CAMPO DE INFINITAS POSSIBILIDADES

Todo mundo está esperando pela eternidade, e os xamãs dizem: 'Que tal esta noite?'

— Alberto Villoldo, ph.D., escritor nascido em Cuba e professor de Medicina Energética

A premissa

Essa experiência vai provar a você de uma vez por todas que há uma força no universo, amorosa, abundante e totalmente moderna e fashion. Algumas pessoas a chamam de Deus. Você pode chamá-la de *prana*, de "tudo o que há" ou até de "Cosmo Kramer", não me interessa.

O problema, até agora, é que tínhamos que ter fé nessa força. Não nos era permitido vê-la ou tocá-la, mas, com toda a certeza, nos pediram para fazer um monte de coisas em nome dela, como nos confessar, pagar o dízimo, meditar e colocar cinzas nas nossas cabeças. Prefiro a ideia de uma força energética que se movimenta numa estrada de mão dupla. Isso lhe diz alguma coisa?

Nesta experiência, vamos fazer o Campo de Potencialidades saber que... é agora ou nunca, querido. Estamos cansados de acreditar em algo que adora ficar brincando de esconde-esconde. Nós queremos provas irrefutáveis. E queremos *agora*. Você conhece aquela expressão muito usada na troca de e-mails no trabalho: "Providenciarei isso *o mais rápido possível*". Bem, é assim que estamos nos sentindo neste momento. Daremos ao Campo de Potencialidades exatas 48 horas para nos enviar um sinal, um sinal bem claro, um que não possa passar despercebido. Luz néon ajudaria, e muito.

Por comprarmos a ideia de que essa força é vaga e misteriosa, nós, na verdade, não esperamos encontrá-la. Ou, pelo menos, não ficamos surpresos por não encontrá-la. Como não fomos treinados para percebê-la, não temos consciência dessa força inspiradora, energizante e transformadora que está circulando à nossa volta e através de nós.

Eu... esperar?

Se o remédio que você está usando não dá resultados, para que serve então?

— Sun Bear, líder espiritual dos nativos chippewa

Aqueles que preferem esperar por portões dourados..., tudo bem, podem continuar esperando. Mas isso é, mais ou menos, como uma pessoa nos dias de hoje se recusar a usar eletricidade. Tudo o que se tem que fazer para ter acesso à eletricidade é achar uma tomada e ligar um aparelho eletrônico nela e *voilà*! Acontecem um monte de coisas legais — comemos torradas de manhã, ouvimos música, vemos filmes, notícias e os seres humanos do outro lado do planeta que vivem de uma maneira completamente diferente da nossa.

O problema é que não conseguimos nos habituar a pensar nessa força energética da mesma maneira que pensamos na eletricidade. Nós não nos perguntamos: *Sou bom o bastante para ligar a minha torradeira na tomada?* Ou então: *Rezei o bastante para ter o direito de acender as luzes da cozinha?*

Não nos sentimos culpados por querer ligar a TV e escolher um filme para ver. E o Campo de Potencialidades é igualmente tão sem preconceitos e tão à nossa disposição quanto a eletricidade, quando tomamos a decisão de procurá-lo de verdade.

E não é muito difícil de achá-lo.

Histórias de experiências pessoais

Deus não é o bunda-mole que muitas pessoas querem fazer você acreditar que ele é.

— Alex Frankovitch, personagem do
livro *Skinny Bones*, de Barbara Park

Nessa parte, vamos falar de um assunto que muitas vezes faz as pessoas se retirarem da sala. É isso mesmo, estou falando de Deus.

A menos que você seja de outro planeta e tenha acabado de chegar por essas bandas, provavelmente já notou que as pessoas falam à beça desse camarada chamado Deus. Dedicamos um dia por semana para adorá-lo. Construímos templos de todos os tamanhos e formas para honrá-lo. Escrevemos livros, artigos e depoimentos sobre religião para jornais e revistas.

Todas as culturas que existem ou já existiram têm uma versão do "cara que está em toda parte" (para usar uma expressão do filme cult *O grande Lebowski*). Mesmo os físicos cuja única linha de trabalho é estudar as propriedades e interações da matéria sabem sobre essa força invisível. A maioria deles não a chama de Deus. Albert Einstein, por exemplo, dizia não acreditar na existência do Deus tradicional, mas ele, com toda a certeza, sabia que havia algo muito mais essencial lá fora no universo. Essa essência, ele dizia, era tudo com o que realmente se importava. O resto, afirmava, eram apenas detalhes.

O Deus no qual a maioria de nós acredita é uma invenção do homem, fabricado em prol de certos interesses. Aceitamos esse Deus feito pelo homem como um fato inquestionável. Mas isso não faz sentido algum. Se Deus é amor, se é perfeito, se é realmente todas as coisas boas que atribuímos a Ele, por que mandaria alguém para a caverna dos leões? Além disso, por que alguém, no seu juízo perfeito, iria se relacionar com um deus caprichoso e injusto, que se diverte em puni-lo? Mesmo a mais imprudente das mulheres sabe que não deve sair com um cara que pode machucá-la.

Quero dizer, quem é que precisa de um Deus assim?

Deus, esse terrorista

Eu não sei se Deus existe, mas certamente seria melhor para a reputação dele se não existisse.

— Jules Renard, escritor francês

Assim que aprendi a ler e escrever, me ensinaram que eu, a pequena Pammy Sue Grout, era uma pecadora infeliz e tinha perdido a glória de Deus. Isso era um fato, estava dado, da mesma forma que dois mais dois é igual a quatro e que o alfabeto tem 26 letras. A única parte redentora dessa lição tão importante era que, pelo menos, eu não estava sozinha. Isso significava que todo ser humano era pecador também. Até mesmo a minha professora carinhosa do jardim de infância, que me deixava levar a minha tartaruga de estimação para a sala de aula toda segunda-feira.

A coisa ruim em ser uma pecadora é que isso lhe garante uma passagem só de ida para o inferno. Era um pouco difícil para mim entender essa coisa de inferno, logo eu, que o mais longe que tinha ido era até uma outra cidade, na divisa do estado. Mas, segundo o meu pai, o inferno não era um lugar para onde você queria ir. Era mais quente que a casa dos meus tios no verão, com o ar-condicionado quebrado. E, diferente de uma visita aos seus tios que termina depois de quatro dias, no inferno você vai ficar por toda a eternidade. Para que eu entendesse o que era a eternidade, ele me dizia: "Você se lembra de como se sentiu no dia 26 de dezembro, quando se deu conta de que faltava um ano inteiro para o próximo Natal?".

A cláusula de rescisão é que você pode "ser salvo".

Então, quando eu tinha quatro anos, enquanto o organista tocava uma música inspiradora, caminhei até o altar da pequena igreja metodista da cidade onde morava e caí de joelhos — os meus joelhos ossudos de quando eu tinha quatro anos —, pedindo ao bom Deus que perdoasse os meus pecados. A minha família inteira, que vinha de uma longa tradição metodista, suspirou aliviada. Papai e mamãe chamaram todas as minhas tias e tios naquela noite para lhes dar as boas-novas.

— A nossa filha mais velha foi oficialmente salva hoje — disseram eles com orgulho. — Estamos seguros de que pelo menos Pam vai para o céu.

A melhor parte de tudo, eles imaginavam, era que a minha conversão seria inevitavelmente um bom exemplo para a minha irmã Becki, que tinha dois anos, e para o meu irmão, Bobby, que tinha apenas três meses, embora eu secretamente desejasse que os meus pais o dessem para uma outra pessoa antes que ele tivesse idade suficiente para falar.

E² – Energia ao quadrado

Claro, você não quer desperdiçar uma oportunidade sequer, certo? Quero dizer, Jesus pode voltar a qualquer momento — de dia ou no meio da noite. Ele é como um ladrão. Pode entrar na sua casa de manhã, enquanto você está comendo o seu cereal matinal. Pode chegar no meio do recreio, enquanto está pendurado de cabeça para baixo no trepa-trepa. Pode chegar até mesmo às duas da manhã, enquanto você dorme, o que pode ser um problema sério se tiver o sono muito pesado. Jesus pode te levar embora, antes que você tenha conseguido acordar de verdade.

E tem aquela *outra* possibilidade sobre a qual você não quer nem pensar a respeito. Quero dizer, a casa dos meus tios era mesmo bem quente.

Ao mesmo tempo que eu estava aprendendo a aceitar a minha verdadeira identidade de pecadora, as pessoas me diziam o tempo todo que Deus era amor. E não importava muito se as igrejas o apresentavam como uma espécie de câmera escondida, que via tudo o que eu estava fazendo.

Isso não fazia sentido nenhum. Mas eu tinha apenas quatro anos. O que é que eu sabia da vida?

Muito embora estivesse bem perto de ser uma criança perfeita (tirava 10 em tudo, tentava não brigar com os meus irmãos, ficava longe do álcool e das drogas e até fazia a minha cama de manhã, sem que precisassem mandar), eu me sentia sempre criticada por esse "Deus amoroso", que estava sentado lá no céu e esfregava as mãos de satisfação toda vez que eu fazia alguma coisa errada. O que só Deus sabe (ops!, lá vou eu de novo, usando o nome dele em vão!) que acontecia praticamente o tempo todo.

Uma verdadeira tradição em enganar criancinhas inocentes.

Deus é misterioso como um astro do rock de óculos escuros e outros mitos irritantes

As nossas ideias sobre Deus falam mais sobre nós mesmos do que sobre Ele.

— Thomas Merton, místico cristão

Pergunte a um indivíduo qualquer se ele acredita em Deus e ele provavelmente responderá: "Claro!". No entanto, é pouco provável que esse mesmo indivíduo se pergunte o que exatamente ele entende por Deus. Quando pressionado, vai usar algum dos velhos clichês sobre o "cara lá em cima".

Tentar definir Deus obviamente é impossível. Ele não é estático, da mesma forma que a luz e a eletricidade também não são. Deus existe além do mundo físico da matéria, dos corpos e das formas. Ele preenche o cosmo, satura a realidade e supera o tempo e o espaço. Mas isso não nos impede de tentar elaborar algumas definições. Aqui estão as oito bobagens mais faladas sobre Deus:

Bobagem nº 1: Deus é ele. Mesmo que algumas igrejas progressistas se referiram a Deus como ela, no Campo de Potencialidades não existe sexo. Certamente nós não pensamos numa diferenciação de gênero quando nos referimos à eletricidade e ao átomo, por exemplo; é apenas uma questão linguística, que não personifica nenhum desses elementos. Quando nos referimos à energia, temos que pensar numa força absolutamente neutra. O Campo de Potencialidades é um campo de força que rege o universo, a mesma fonte de energia que faz as flores crescerem, que forma cicatrizes nos joelhos esfolados e que constantemente impulsiona o todo.

Deus é uma força como em *Star Wars*, Star Wars uma presença que está dentro de nós, um princípio que nos dá vida. É por isso que Luke Skywalker e Darth Vader se tornaram um sucesso absoluto no mundo inteiro. A franquia *Star Wars* expõe uma crença que fala conosco num nível muito profundo. Uma parte de nós sabe que "a força" está conosco e que nós, pelas nossas palavras, pensamentos e ações, criamos o mundo.

Bobagem nº 2: Deus é misterioso como um astro do rock de óculos escuros, faz uma lista dos seus pecados e está basicamente muito ocupado com a fome no mundo para se importar com você. Deus, se você acredita nessa bobagem comumente aceita, é mais ou menos como o personagem do vizinho misterioso, em o *Sol é para todos*, sempre olhando sorrateiramente pela janela, esperando para nos pegar fazendo alguma coisa muito, mas muito feia mesmo. Nós não podemos vê-lo, mas nos disseram que ele está ali. Observando. Julgando. Monitorando todos os nossos movimentos. Se você não seguir os mandamentos ou se quebrar as regras, Deus vai enviar um anjo do Serviço Secreto Dele atrás de você, e aí, vai ver só.

Bobagem nº 3: Deus escolhe os favoritos dele. O Campo de Potencialidades é um campo de força que está igualmente disponível para todos nós. É uma capacidade natural em todos nós, não é um dom exclusivo, concedido a uns poucos. Na verdade, essa é uma das primeiras lições que Jesus nos ensinou. Deus está dentro de nós. Você é parte de Deus. Você pode fazer milagres.

Cultuar Jesus do jeito que fazemos é um pouco como cultuar Benjamin Franklin porque ele descobriu a eletricidade. Benjamin Franklin soltou uma pipa durante uma tempestade e demonstrou que os raios eram uma descarga elétrica. Ele fez isso para que pudéssemos utilizar a eletricidade e não para que erguêssemos templos, pintássemos retratos dele, ou usássemos medalhinhas no pescoço. Ele queria que nós conhecêssemos o princípio da eletricidade e o usássemos — e nós fazemos isso quando ligamos TVs, computadores e aparelhos de ar-condicionado. Se tivéssemos feito com a descoberta de Benjamin Franklin o que fizemos com a descoberta de Jesus, todos nós estaríamos sentados no escuro.

Benjamin Franklin não inventou a eletricidade, assim como Jesus não inventou os princípios espirituais. A luz e a eletricidade estavam disponíveis desde sempre. Nós apenas não nos dávamos conta disso ou não sabíamos como acessá-la. Galileu não inventou a força da gravidade quando lançou uma bola de madeira do alto da Torre de Pisa. Ele apenas demonstrou a existência dessa força.

Da mesma forma, Jesus demonstrou a existência dos princípios espirituais que ele quer que usemos e desenvolvamos. Desperdiçamos 2 mil anos cultuando a imagem dele em vez de colocar em prática os princípios que ele nos ensinou. Procurando na Bíblia, não encontraremos passagem alguma em que Jesus tenha dito que devemos cultuá-lo. Ele nos pede para segui-lo. Há uma diferença enorme.

Transformando Jesus numa espécie de herói, perdemos o ponto principal. Jesus não disse: "Eu sou legal. Façam estátuas minhas, e do meu aniversário, uma imensa festa comercial". Ele dizia na verdade: "Vejam o que é possível ser feito. Vejam do que nós seres humanos somos capazes".

Jesus é nosso irmão, o nosso legado, o cara que tínhamos que imitar.

O que Jesus estava tentando dizer é que igrejas, líderes religiosos e toda a retórica estridente deles escondem a verdade de

Deus. Eles cobriram os nossos olhos ao deixarem de falar que o Campo de Potencialidades não é objeto de culto, mas uma presença bem real e um princípio pelo qual nós devemos viver.

Bobagem nº 4: Deus recompensa o nosso sofrimento e nos dá pontos extra pelo nosso sacrifício (conhecida também como a "vida é uma droga, e aí... você morre"). Muitos de nós acham que a vida é um campo de treinamento para o céu. Acreditamos que esse nosso curto tempo de vida é "apenas um teste" para o paraíso que vamos eventualmente ganhar. Se aguentarmos firme e suportarmos tudo, um dia entraremos por aqueles portões dourados e seremos felizes. Esses pensamentos errados foram cristalizados nos fatos da vida. Nada é mais certo do que a inevitabilidade de tristezas e provações.

Mas e se nada disso fosse realmente necessário? E se não houvesse nenhuma razão para sermos pobres? Ou ficarmos doentes? Ou qualquer outra coisa que não fosse parte de uma vida abundante e cheia de alegria e entusiasmo? E se essas vidas trágicas e difíceis fossem apenas mais um boato criado pelas igrejas e inculcado na nossa consciência em anos e anos de condicionamento? O que eu estou sugerindo é que esse céu pelo qual estamos esperando está disponível agora. E que você já perdeu muito tempo sem saber exatamente quem é e o que é possível.

Bobagem nº 5: Deus é extremamente exigente. O Campo de Potencialidades não julga. Não pune. Não pensa assim: *Muito bem, João, você foi realmente um bom menino ontem, ajudando aquela velhinha a atravessar a rua. Acho que vou atender as suas preces e fazer você ganhar na loteria.* Esse é o tipo de pensamento que um juiz da Suprema Corte teria. O Campo de

Potencialidades não precisa de nada. E não nos pede nada. Não faz nenhuma exigência. Ele não gosta mais de madre Teresa de Calcutá do que de qualquer um de nós. Apenas seres humanos mal-informados, lutando desesperadamente para que as suas vidas façam sentido, acreditam num Deus que aprecia escolher o rumo de nossas vidas, que gosta e desgosta das mesmas pessoas que nós. O nosso medo nos aprisionou e nos dá uma percepção muito limitada de tudo.

Bobagem nº 6: Você não deve pedir muita coisa a Deus, para não irritá-lo. Como eu já disse antes, o Campo de Potencialidades não é uma pessoa, por isso você não consegue irritá-lo. O Campo de Potencialidades é um poder, uma força energética invisível. Se é finito nem limitado, você certamente não pode pedir demais dele. É como diz um velho ditado: você pode pegar água do oceano com um conta-gotas ou com um balde; o oceano não dá a mínima. Até porque não usamos o poder do Campo de Potencialidades o bastante. Estamos falando de uma força poderosíssima, não uma equipe de resgate que vem ajudá-lo, por exemplo, a pagar as prestações da sua casa própria. O Campo de Potencialidades não é um adversário que tem que ser enfrentado numa mesa de negociação.

Bobagem nº 7: Deus é muito vago. Ao contrário. Uma vez que você se livra das nuvens escuras dos boatos e meias-verdades que encobrem a sua consciência, vai descobrir que essa força invisível se comunica com tanta clareza quanto o seu apresentador de TV favorito. Uma vez que se libertar dos bloqueios, vai saber exatamente o que fazer e como fazer.

De novo, precisamos nos condicionar a pensar em Deus da mesma maneira como pensamos na eletricidade. A eletricidade não liga para quem é que está ligando o aparelho na tomada. Ela não nos pede uma prova de que somos bons o bastante para fazer torradas de manhã.

Bobagem nº 8: Deus só responde às nossas perguntas quando está de boa vontade e bem-disposto. Não há um momento sequer em que Deus ou "a força" não esteja te guiando. E você não tem que esperar pelo sinal verde ou tirar a carta "saída livre da prisão". O "Cara" está disponível 24 horas por dia, sete dias por semana, e tudo o que você tem que fazer é focar a sua atenção nele. A orientação do Campo de Potencialidades simplesmente acontece (como as pessoas dizem sobre... bem, sobre outra coisa) — por meio de uma música que toca no rádio, do telefonema de um amigo que você não vê há muito tempo etc. O truque é observar, confiar e, vou continuar repetindo à exaustão, focar a sua atenção.

E já que estamos falando da vontade de Deus, vamos esclarecer as coisas aqui. Não há lugar nessa versão atualizada de Deus para um inferno de tormentos ou para um sádico que queira ou possa colocar você lá. Também não há espaço para a ideia de que doenças, deformidades, morte, pobreza ou limitações de qualquer tipo são a vontade de Deus. A vontade de Deus, para aqueles que insistem em usar esse termo, é o desejo permanente do espírito que há em cada um de se tornar tudo o que se é capaz de ser. Amém.

O método

Permitir a mim mesmo ser um pouco maluco e irracional me abriu para certas experiências místicas.

— Dr. Patrick Miller, fundador da editora Fearless Books

Nesta experiência, você vai dedicar 48 horas a perceber a evidência desse Campo de Potencialidades onisciente e completamente perfeito. Pode chamá-lo de Deus se você se sente mais confortável. Felizmente, o Campo de Potencialidades existe em qualquer lugar em que queira procurar.

Para começar, você vai pedir ao Campo de Potencialidades uma bênção ou o que chamo de "um presente inesperado". Vai dar ao Campo 48 horas para lhe mandar um presente que normalmente não receberia nesse período — um dinheiro com o qual não contava, um cartão de um velho amigo, algo realmente inesperado. Não especifique a bênção (isso será feito mais tarde, na Experiência nº 4), mas faça um pedido bem claro e dê ao Campo de Potencialidades um prazo final específico. E, como sempre, também é bom pedir ajuda para reconhecer o presente.

Quando a minha amiga Wendy fez essa experiência, recebeu não apenas uma, mas *duas* bênçãos inesperadas. Ganhou um aumento (o chefe ligou do nada), e o irmão dela, que vivia noutra cidade e nunca ligava a não ser em caso de morte na família, se dispôs a ajudá-la com a mudança, algo que ele nunca tinha feito antes, nas outras seis vezes em que ela mudou de casa.

Robbin, outra amiga, foi até seu carro no estacionamento do trabalho, durante as 48 horas em que estava fazendo a experiência, e achou uma bolsa deslumbrante, de couro, feita à mão, um

E² – Energia ao quadrado

presente que uma amiga que não sabia que ela estava fazendo a experiência tinha deixado para ela de surpresa.

— Adorei aquela bolsa. E ainda a uso — diz ela.

Os resultados, dependendo da sua consciência, podem variar. Algumas pessoas conseguem algo bem simples. Com a minha amiga Julie, por exemplo, aconteceu o seguinte: um menininho de dois anos veio se sentar ao lado dela no banco do parque. Eles sorriram um para o outro como duas almas que se encontram. Mas também pode ocorrer algo sensacional. Ao fazer essa experiência, o meu amigo Eric ganhou uma viagem para fazer *jet ski* e andar de caiaque no lago Tahoe.

Anote como se sente ao pedir ao campo de energia uma bênção. Você se sente meio nervoso, impaciente, se pergunta se não está sendo egoísta, questiona se é adequado pedir alguma coisa boa de que não precisa realmente? Esses sentimentos vão lhe dizer alguma coisa. Talvez você não acredite que mereça um presente. E esse pensamento manda sinais para o campo de energia e afeta a ressonância dele. Talvez ache que só é apropriado pedir algo de que precisa de verdade. Esse sinal, também, está sendo irradiado para o campo de energia.

Para fazer essa experiência de maneira adequada você tem que deixar de lado o ceticismo. Não para sempre; apenas por 48 horas. Tudo o que precisa fazer é passar apenas dois dias esperando por uma prova. Espere ver "o Cara" ao vivo e em cores. Espere por isso com todo o seu coração. Espere por isso com toda a sua alma. Como toda boa hipótese, essa também pode ser testada. Se você não receber uma resposta do Campo de Potencialidades em 48 horas, sinta-se à vontade para descartá-la.

1. Escolha o momento de começar a experiência. "Agora" geralmente funciona muito bem para mim.

2. Anote o dia e a hora em que começou.
3. Peça ao Campo de Potencialidades para deixar que você perceba a presença dele. Peça um presente. Se quiser, pode repetir a "intenção" ou a "abordagem" que está no relatório da experiência que vai encontrar na próxima página. Ou se preferir, crie a sua própria intenção ou abordagem.

É isso. Pode relaxar. E observe.

Relatório da experiência

Princípio: O princípio do "cara que está em toda parte"

Teoria: Há uma força energética invisível ou um campo de infinitas possibilidades.

Pergunta: O Campo de Potencialidades existe mesmo?

Hipótese: Se existe uma força igualmente disponível para qualquer pessoa, 24 horas por dia, sete dias por semana, posso acessá-la a qualquer momento simplesmente prestando atenção nela. Além disso, se eu pedir a essa força uma bênção qualquer, dando-lhe um período de tempo específico para se manifestar e instruções claras, ela vai me mandar um presente e dizer: "Ao seu dispor".

Tempo necessário: 48 horas.

Dia e hora do início da experiência:

_____

Prazo final para o recebimento do presente:

_____

Abordagem: Detesto lhe dizer isso, Campo de Potencialidades, mas as pessoas estão começando a falar. Elas estão se perguntando se você existe mesmo. Então, sério, seria muito bacana se você viesse até aqui e parasse com essa brincadeira de esconde-esconde. Estou lhe dando exatas 48 horas para se manifestar. Quero um sinal claro, inequívoco, que não possa ser entendido como uma simples coincidência.

Observações:

_____

_____

_____

Nós agora temos uma ciência da espiritualidade que é completamente verificável e objetiva.

— Amit Goswami, ph.D., físico teórico

Experiência Nº 2

O princípio do carro dos seus sonhos:

VOCÊ AFETA O CAMPO DE ENERGIA E ATRAI COISAS PARA SI MESMO DE ACORDO COM AS SUAS CRENÇAS E EXPECTATIVAS

Milagres são como espinhas, se você começar a procurar por elas vai encontrar muito mais do que jamais sonhou ver.

— Lemony Snicket (pseudônimo de Daniel Handler), autor de *Desventuras em série*

A premissa

O que acontece na sua vida é um reflexo direto dos seus pensamentos e emoções. A minha amiga Linda me contou uma história incrível sobre uma moça que uma vez ela tinha ficado observando no aeroporto. Essa pobre jovem estava lutando com três malas muito pesadas. Mas pior do que o peso das malas era a atitude negativa com que ela lidava com aquela situação. Ficava reclamando o tempo todo, em alto e bom som, para quem quisesse escutar, que ninguém tinha lhe oferecido ajuda.

— Por que esse ônibus está demorando tanto? — gritava ela. — Onde está a droga desse ônibus?! Isso é inadmissível!

Linda disse que ela ficou com pena da moça, ainda mais porque o tal do ônibus que esperava estava parado uns dois metros à frente dela com as portas abertas. Por duas vezes, o ônibus circulou pela área de desembarque para pegar passageiros, mas a mulher, muito irritada, não conseguia vê-lo. O ônibus, graças à firme determinação dela de ficar com raiva e brigar com tudo e com todos, estava literalmente fora do campo energético dela.

Por isso chamei esse princípio de o princípio do carro dos seus sonhos. Uma vez que um carro entra na sua esfera de consciência, você começa a vê-lo por toda parte.

E é isso o que acontece quando dedicamos a nossa atenção ao que não queremos.

Carência, infelicidade e perigo não são mais fáceis de encontrar do que o carro dos nossos sonhos, mas se os trouxermos para a consciência, eles vão assumir o controle, infelizmente.

De acordo com os físicos, há um campo ponto zero (o que eu chamo de Campo de Potencialidades) onde todas as possibilidades existem. Por exemplo, existe a possibilidade de você ser uma bailarina, ou uma escritora famosa, um senador ou um sem-teto. Quando se trata do Campo de Potencialidades, as possibilidades são infinitas.

Como eu não sou física e mal conheço a teoria das camadas de realidade de David Bohm, prefiro pensar no campo de energia como uma gigantesca loja de departamentos com centenas de milhares de "produtos" ou possibilidades. Gostaria de deixar claro que não sou fã das grandes lojas de departamento e a maneira como destroem o comércio bairrista. Nunca perdoei, por exemplo, uma delas que fez com que a farmácia na esquina da minha rua e a minha livraria favorita fechassem as portas. Mas, com o meu orçamento doméstico bem-definido, às vezes me rebaixo e faço compras lá. E quando isso acontece, sei exatamente onde encontrar o livro que estou procurando, o brinquedo que a minha filha pediu e os tênis de que ela está precisando — ou seja, todas as coisas que eu queria comprar. Mas não tenho a menor consciência da maioria dos milhares de produtos nas prateleiras.

Por quê? Porque não estou procurando por eles.

Isso não significa que eles não estão lá, como o livro, o brinquedo e os tênis. Só significa que não tenho consciência deles. Por exemplo, a minha filha uma vez pegou piolho no colégio. Depois de entrar em pânico e até pensar em me atirar do alto de um edifício, cheguei à conclusão de que daria a ela um exemplo melhor se apenas fosse comprar um xampu contra piolhos. Com toda a certeza havia uma grande variedade desses xampus nas prateleiras do setor de farmácia da loja de departamentos que frequento e provavelmente já havia passado por eles várias vezes. Por que nunca reparei?

Porque não estava procurando.

As correntes que nos aprisionam

As suas percepções mais equivocadas, as suas imaginações mais estranhas, os seus pesadelos mais sombrios, tudo isso não significa nada.

— Extraído de "Um curso em milagres"

Há alguns anos, uma agência de viagens sorteou cem passagens aéreas para qualquer lugar que os ganhadores quisessem ir. Isso significava que os sortudos vencedores do sorteio podiam voar para Paris e ver a Torre Eiffel, ou para Austrália e subir na Ayers Rock, ou para o Caribe e ficar deitado ao sol numa daquelas praias paradisíacas. Você acredita que 95% dos ganhadores escolheram lugares que ficavam a apenas quatro horas de distância da própria casa? Quatro horas!

Isso resume muito bem a condição humana. Tem tanto aí fora, mas a maioria de nós decide ficar a quatro horas da nossa "zona de conforto". Nós nos recusamos a sair do lugar, mesmo que haja uma forte evidência de que estamos perdendo coisas grandes e importantes. Mesmo sem ter consciência disso, passamos a maior parte das horas em que estamos acordados imersos na zona de conforto da negatividade. A atração da negatividade é tão forte que muitos de nós ficamos o dia inteiro passando de um pensamento negativo a outro: *Dormi demais de novo.*

Essa guerra é inescrupulosa. A economia está em frangalhos. A gasolina está caríssima. O meu chefe (ou meu filho, ou qualquer outra pessoa) está me deixando maluco.

A negatividade e o medo começam no momento em que nascemos: *O mundo é muito perigoso. Não se atreva a falar com estranhos. Não se atreva a andar pelas ruas cantando, tranquilamente. Alguém pode ouvir.*

Aprendemos a limitar. Aprendemos a acreditar na escassez. Aprendemos que a nossa inclinação natural para amar, realizar e dançar é irrealista e doida.

Os pais pensam que é dever deles ensinar os filhos a serem cautelosos, responsáveis e a agirem como adultos. E se por alguma razão somos sortudos o bastante para ter pais que não querem nos passar essas lições, a cultura rapidamente nos faz acreditar que juntar bens materiais é o nosso propósito na vida e que o único meio de conseguir as coisas é metendo a cara e dando um duro danado. Quando chegamos ao fim do ensino fundamental, já somos mestres da competição, acostumados a viver na escassez e no medo.

Mas, adivinhe?! Isso é uma grande armadilha, um mau hábito. Como "Um curso em milagres" claramente afirma "uma vez que você desenvolve um sistema de pensamento, seja ele qual for, vive de acordo com ele e o ensina aos outros". Uma vez que adquire uma determinada crença, vai usar todos os seus sentidos e toda a sua vida para manter essa crença viva.

Os físicos chamam esse fenômeno de "colapso da onda". Um número infinito de partículas quânticas está dançando por aí afora no campo de energia universal, se espalhando em ondas. No momento em que alguém olha para essas ondas de energia, elas se solidificam como gelatina na geladeira. A sua observação é o que faz elas parecerem sólidas, reais e materiais.

Você se lembra da história da Branca de Neve, quando ela cai no chão, chorando, no meio da floresta? De repente ela sente como se alguém estivesse olhando para ela. E, realmente, um monte de criaturas da floresta estão se aproximando dela. Mas no momento em que ela levanta a cabeça para olhar, os passarinhos, os esquilos e os alces se escondem atrás das árvores. Tudo o que ela vê é uma floresta parada, que não se move.

Na realidade, o nosso universo é um campo de energia em movimento infinito e de infinitas possibilidades, mas como os nossos olhos se limitaram a ver apenas problemas, isso implica na nossa visão da realidade.

Mas realmente parece a realidade (ou você só vai ver quando acreditar)

Você não vai se libertar até que se dê conta de que você mesmo forja as correntes que o aprisionam.

—Arten, um dos professores espirituais que apareceram para Gary Renard, autor do livro O *desaparecimento do universo*

Em 1970, Colin Blakemore e G.F. Cooper, cientistas da Universidade de Cambridge, fizeram uma experiência fascinante com gatinhos. Isso foi antes de as sociedades protetoras dos animais começarem a denunciar esse tipo de experiência, certamente. Colin e Cooper mantiveram uma ninhada de gatinhos na mais completa escuridão. De vez em quando, por apenas uma ou duas horas, iluminavam o ambiente onde os gatinhos estavam com luz suficiente apenas para que eles vissem faixas verticais, pretas e brancas. Só isso. Algumas poucas horas, algumas poucas

E² – Energia ao quadrado

faixas verticais. Não sei se os dois cientistas tiveram uma crise de consciência ou se alguém de alguma organização de defesa dos animais ficou na cola deles, mas depois de alguns meses os homens resolveram tirar os gatinhos do escuro. E descobriram que as células corticais dos bichinhos (do globo ocular, para aqueles que não estão acostumados com termos científicos) que percebiam a orientação não vertical não estavam mais funcionando. Os gatinhos não conseguiam mais perceber linhas horizontais. E iam na direção de cordas esticadas bem na frente deles sem fazer nenhum movimento para desviarem delas ou saltarem sobre elas.

Em 1961, quando o antropólogo Colin Turnbull fez um estudo sobre os pigmeus, resolveu tirar um deles da floresta onde havia vivido desde que nascera. Como o pigmeu nunca tinha estado num espaço amplo e aberto, havia perdido a percepção de profundidade, da mesma forma que os gatinhos perderam a percepção de linhas horizontais. Quando Turnbull apontou para uma manada de búfalos ao longe, o pigmeu recusou-se a acreditar no que via, e afirmou que os búfalos eram, na verdade, formigas.

As percepções do pigmeu estavam influenciadas pelo que ele tinha sido condicionado a ver. Como seres pensantes, continuamente tentamos fazer o mundo ter sentido. Parece algo muito bom, certo? No entanto, quando uma informação não se adequa às nossas crenças, nós a modificamos sem nem mesmo perceber que fazemos isso. Nós a dobramos e apertamos até que essa informação caiba dentro da caixinha estreita do nosso limitado sistema de crenças.

Nós pensamos que o que percebemos com os nossos sentidos é verdadeiro, mas o fato é que — e vou continuar tentando fazer isso entrar na sua cabeça — é apenas a metade de um milionésimo de um por cento de tudo o que é possível.

Na base do tronco cerebral, que tem mais ou menos o tamanho de uma jujuba, há um grupo de células cujo trabalho é classificar e avaliar as informações recebidas. Esse centro de controle conhecido como *sistema de ativação reticular* (SAR) tem o trabalho de enviar o que ele acha que é urgente para a parte ativa do cérebro e jogar o que não é urgente para trás. Mas enquanto organiza, ele também está ocupado em interpretar, atraindo interferências e filtrando tudo o que está de acordo com o que acreditamos.

Em outras palavras, nós "ensaiamos" antes o mundo que queremos ver. E é uma pena quando escolhemos o roteiro errado.

Essa experiência simples de apenas 48 horas vai provar que o que você vê na vida é nada mais nada menos do que o que está procurando. Também vai provar que é possível *achar* qualquer coisa que procure. E o mais importante, vai provar que, ao mudar o que está procurando, pode radicalmente mudar o que acontece na vida.

Dados de experiências pessoais

Totó, acho que não estamos mais no Kansas.

— Frase do filme O *mágico de* Oz, encontrada no
para-choque de um caminhão em Lawrence, no Kansas

Você provavelmente nunca ouviu falar de Peter e Eileen Caddy. E o nome Findhorn lhe diz alguma coisa? Não?! Não tem problema. Na década de 1960, apareceu nos noticiários e programas de televisão a história de uma plantação na Escócia que tinha produzido repolhos tão grandes, mas tão grandes, que poderiam

E² – Energia ao quadrado

quebrar a suspensão de um caminhão. Bem, Peter e Eileen Caddy eram os responsáveis por aqueles repolhos de quase vinte quilos (não se esqueça de que um repolho comum não chega nem a dois quilos), e eles fizeram isso focando a atenção e os pensamentos deles numa verdade maior.

Naquela época, as coisas não estavam nada fáceis para os Caddy. Quando Peter, Eileen, os três filhos e uma amiga, que também já realizava buscas espirituais, se mudaram para um trailer numa península fustigada pelo vento, que se projetava no mar do Norte, a terra ali poderia ser descrita como completamente morta e sem recursos. Ninguém em seu juízo perfeito escolheria aquele lugar para fazer um jardim, quanto mais uma plantação. O solo — se é que se podia chamá-lo assim — era apenas pedra e areia; os ventos eram capazes de levar uma criança pelos ares; e o "lar doce lar" deles ficava imprensado entre um depósito de lixo e uma garagem destruída.

Mas, focando numa verdade maior, eles fizeram uma plantação que só podia ser descrita como um milagre. Embora tenham sido os repolhos de quase vinte quilos que ganharam publicidade, os Caddy plantaram mais de 65 tipos diferentes de legumes e vegetais, 21 tipos de frutas e 42 tipos de ervas. E isso antes de eles resolverem plantar flores também.

Sei o que você está pensando: um bom adubo e técnicas de plantio. Mas a verdade é que o solo dos Caddy era tão desolador que o engenheiro agrícola do condado local disse que adubo não iria ajudar em nada. Na época em que Peter e Eileen começaram a fazer experiências de elevação da consciência, eles não pensavam em plantar nada nem em investir dinheiro em adubo e sementes. Estavam completamente falidos — para dizer o mínimo. Peter, que fora administrador de um hotel quatro estrelas, tinha sido demitido, e os seis estavam vivendo com o seguro-desemprego que garantia a eles apenas vinte dólares por semana.

Eles só começaram a plantar por um único motivo: era a única maneira de conseguirem alimentar os três filhos. Mas, quando começaram alinhar a consciência com a verdade espiritual superior e nada mais, todo o tipo de coisas estranhas começaram a acontecer. Fardos de palha, usada para proteger e enriquecer o solo adubado, caíam de caminhões que passavam na estrada. E sacos de cimento apareciam misteriosamente no depósito de lixo ao lado bem na hora em que era preciso construir um pátio. A plantação deles, enquanto a dos vizinhos sofria, resistia a todos os tipos de doenças e pestes. Depois de um tempo, as pessoas começaram a aparecer para conhecer a plantação e hoje a Fundação Findhorn é uma comunidade espiritual próspera, que atrai 14 mil pessoas todos os anos.

É como Peter diz: "Você pode produzir qualquer coisa com os seus pensamentos. Alinhe-se com a consciência divina e você pode transformar a verdade em matéria. O que você pensa, cria".

Não há nenhum poder nesse mundo que possa tirar de você essa força exceto a sua própria consciência.

O método

Tudo o que pensamos que estamos vendo é apenas uma suposição, uma previsão que os nossos cérebros estão fazendo.

— Kurt Anderson, autor de *True Believers*

Pelas próximas 48 horas (é só isso — apenas dois dias de comprometimento, completamente sem dor, e você vai ficar livre para voltar para a sua vidinha infeliz assim que a experiência terminar), vai ativamente procurar por algumas coisas. É igualzinho às crianças na escola que começam dissecando pequenos animais, e não corpos humanos: vamos começar com coisas bem simples — por exemplo, procure carros verdes. No primeiro dia da experiência, você vai fazer a seguinte intenção consciente: "Pelas próximas 24 horas da minha vida, vou procurar carros verdes pelas ruas". Não é preciso mais nada. Apenas mantenha os olhos abertos e tenha essa intenção em mente. E perceba se a sua atenção produz uma diferença significativa no número de carros verdes que você vê.

No segundo dia, durante o segundo período de 24 horas, você vai fazer uma intenção de encontrar borboletas azuis. Ou folhas de árvores de um verde-escuro, meio avermelhado. Apenas faça essa intenção. A minha amiga Jeanette fez essa experiência em pleno inverno e encontrou as borboletas azuis nos pratinhos e copos de papel na festa de aniversário de uma amiguinha da filha dela.

Outra amiga, Angela, estava lendo O *segredo* no avião. Esse livro de grande sucesso sobre a lei da atração sugeria que o leitor fizesse uma intenção de receber uma xícara de café de graça. Ela começou a rir, porque, logo depois que leu essa passagem, levantou a cabeça e viu a comissária de bordo a apenas duas fileiras de poltrona, perguntando aos passageiros: "Café, chá ou refrigerante?".

— Isso não vale — observou ela para si mesma, mas fez a intenção assim mesmo, e continuou a leitura.

Durante a escala que teve que fazer, um homem na sala de espera virou-se para ela e disse:

— O meu voo acabou de ser chamado. Não posso entrar com isso na mão. Não tomei nem um gole. Você quer?

Adivinhe? Sim, era um *latte* fresquinho da Starbucks.

Relatório da experiência

Princípio: O princípio do carro dos seus sonhos

Teoria: Você afeta o campo de energia e atrai coisas para si mesmo de acordo com as suas crenças e expectativas.

Pergunta: Eu realmente vejo apenas o que espero ver?

Hipótese: Se eu decidir procurar ativamente um carro verde na rua e borboletas azuis (ou folhas verde-avermelhadas), vou encontrá-las.

Tempo necessário: 48 horas.

Data e hora do início da experiência:

Abordagem: De acordo com essa mulher maluca chamada Pam Grout, o mundo aí fora reflete o que eu quero ver. Ela diz que são apenas as minhas próprias ilusões que me impedem de experimentar paz, alegria e amor. Então muito embora eu suspeite que ela é meio doida, hoje vou procurar carros verdes pela rua. E amanhã vou procurar borboletas azuis.

Números de carros verdes vistos:

E² – Energia ao quadrado

Número de borboletas azuis vistas:

Observações:

Os milagres não acontecem em contradição com a natureza, mas apenas em contradição com o que é conhecido na natureza.

— Santo Agostinho, teólogo e filósofo

Experiência Nº 3

O princípio de Albert Einstein:

VOCÊ TAMBÉM É UM CAMPO DE ENERGIA

Está bem ao alcance da sua mão, querida. É isso o que você tem que entender: tudo está bem ao alcance da sua mão.

— Ray Charles, músico

A premissa

Não vou aborrecer você explicando aqui detalhadamente os principais tópicos da Física Quântica. Já li vários livros sobre isso e, acredite, o negócio não é nem um pouco fácil. Mas há algumas coisas que se dizem por aí que precisam ser desmistificadas antes de seguirmos em frente.

Para começar, quem você pensa que é não é quem você realmente é.

Você pensa que a sua vida tem um período de tempo limitado — algo em torno de setenta ou oitenta anos —, e então fica cheio de rugas, com reumatismo e depois morre. *Buum!* Acabou. Mas isso é tão verdade quanto o sonho que você teve na noite passada com aquela loira alta ou com aquele cara forte e lindo.

O seu corpo é um impostor, uma pequena fração de quem você realmente é. Noventa e nove por cento de quem você é na verdade é invisível e intocável. Este corpo que penso que é Pam Grout — a mulher magricela de 1,80 metro, meio desconjuntada — é apenas um espectro de quem eu realmente sou, nem um pouco mais real do que os retratos de quando eu era um bebezinho de dois meses, em que estou usando um chapeuzinho rosa horroroso.

Não se sinta mal se você caiu na armadilha de achar que você, o seu corpo, e o mundo ao seu redor são apenas matéria. Não é mesmo nada fácil estar no limiar de uma revolução completa. Essas novas ideias que os cientistas estão finalmente começando a levar a sério estão desafiando tudo aquilo em que acreditamos sobre como o nosso mundo funciona e como nós definimos a nós mesmos.

Toda a verdade, nada mais do que a verdade

Tudo o que você sabe sobre o universo e as leis que o regem está mais ou menos 99,99 por cento errado.

— Fred Alan Wolf, ph.D., físico quântico

O que Einstein descobriu e o que aquela famosa equação E = mc2 significa é que massa e energia são basicamente duas formas da mesma coisa. A energia é matéria liberada, e matéria é energia esperando para acontecer.

Existe uma imensa quantidade de energia — uma absurdamente imensa quantidade dela — aprisionada em tudo o que vive. Você, considerando que seja um ser humano de estatura mediana, contém nada menos que 7×10^{18} joules de energia potencial. Isso pode não significar muita coisa para você agora, mas posso lhe dar uma ideia melhor. Se você fosse um pouquinho mais habilidoso e soubesse como liberar essa energia, poderia usá-la para explodir a si mesmo com a força de trinta bombas atômicas.

Em outras palavras, a matéria do mundo não é nada mais do que padrões de energia densa. Os cientistas colocaram todas essas partículas subatômicas num acelerador de partículas, fizeram-nas colidir e, no fim, descobriram que não existe partícula nenhuma na origem. É tudo energia pura liberada, vibrando tão rápido que desafia qualquer tipo de medida e observação. Então, apesar do que parece a olho nu, você é energia.

Na verdade, nada no mundo é realmente sólido. Nem você, nem este livro, nem a cadeira em que está sentado. Se formos quebrando o mundo sólido até chegarmos aos elementos mínimos que o compõem, vamos encontrar partículas dançando e espaço vazio. O que vemos apenas parece sólido porque a energia está vibrando um pouco mais devagar que a velocidade da luz.

E é isso que é energia: partículas vibrando. O que significa que você, este livro e a cadeira em que está sentado estão, na verdade, vibrando.

Energia é uma coisa meio nebulosa. Você não pode vê-la, tocá-la, arranhá-la ou levá-la para jantar. Mas pode (e faz isso todos os dias) influenciar a maneira como ela flui através de você. Energia é o pilar sobre o qual tudo se ergue no universo, ou seja, é algo muito poderoso.

Tente fazer essa experiência que aprendi com Donna Eden, a pioneira dos estudos sobre energia.

1. Aproxime as mãos uma da outra, como se fosse bater palmas, mantendo uns cinco centímetros de distância entre elas.
2. Agora cruze os braços formando um X. O ponto no centro do X é formado pelos seus pulsos, mas mantenha-os afastados uns cinco centímetros.
3. Dirija a sua atenção para o espaço entre os pulsos. Eles contêm vários centros de energia, portanto essa energia toda vai se intensificar e muito provavelmente você vai sentir alguma sensação nesse local (calor, formigamento).

E² – Energia ao quadrado

4. Bem devagar aproxime os seus pulsos um pouco mais e depois afaste-os novamente.

Percebeu? O que foi que eu lhe disse? Você é energia. A cada momento, dá forma a essa energia pela sua consciência. Você faz isso com cada pensamento, cada intenção, cada ação. Como se sente, o que pensa, no que acredita, a que dá valor e como vive a vida, tudo isso afeta como a energia flui através de você. Para colocar em termos bem simples, tudo isso afeta como você vibra.

E o modo como você vibra afeta o que atrai para o seu campo energético entrelaçado, interconectado e em movimento contínuo no qual você está mergulhado. Você atrai para a sua vida tudo o que está vibrando na mesma frequência e no mesmo comprimento de onda.

Vamos dizer que você está se sentindo muito animado, alegre e grato por tudo o que tem. Essas emoções enviam uma frequência de alta vibração que magnetiza mais coisas para que se sinta ainda mais animado, alegre e grato. Tudo o que tiver essa mesma frequência energética vai se aproximar do seu campo de energia.

No entanto, se você está assustado, se sentindo culpado ou convencido de que há perigo em cada esquina, enviará uma baixa frequência vibratória que vai atrair coisas não muito boas para a sua vida.

Sempre atraímos o que combina com o nosso padrão vibracional. Somos nós que iniciamos a vibração; somos como ímãs, somos a causa.

Funciona da mesma maneira que um diapasão. Vibre um diapasão numa sala cheia de diapasões calibrados para diferentes notas e somente os calibrados para a mesma frequência irão vibrar também. As forças atraem: é uma regra clássica da Física.

Não existe esse negócio de "você" e "eles"

Quem não fica espantado com a Física não a entendeu.

— Niels Bohr, físico dinamarquês

Se você ainda não está satisfeito com todas as esquisitices que estou falando aqui, vou abordar mais um pequeno detalhe. Tudo no mundo físico que conhecemos está conectado como todas as outras coisas no mundo físico. Você está ligado e conectado a um campo de energia universal subjacente. "Esse campo", como disse o senhor Einstein, "é a única realidade."

As coisas parecem separadas porque estão vibrando em comprimentos de onda diferentes, do mesmo jeito que uma nota Dó vibra num comprimento de onda diferente de um Si Bemol. Cada uma dessas vibrações cria uma faixa no campo eletromagnético, que, por sua vez, instrui a energia sobre aonde ir e o que fazer.

Esse campo de energia pulsante é o motor central do seu ser e da sua consciência. Onde fica esse campo? Bem, na verdade, não há lugar onde ele não esteja. Tudo no universo está ligado a esse campo de energia — todas as formas de vida, desde as zebras na África e as plantas no seu jardim, aos *icebergs* derretendo. A sua inteligência, criatividade e imaginação interagem com esse campo de energia magnífico e complexo.

Podemos parecer diferentes corpos com diferentes ideias, mas somos todos apenas um grande campo pulsante e vibrante de consciência.

Dados de experiências pessoais

Não é o que você não sabe que o você ter problemas. É o que você sabe com certeza, só que não é bem assim.

— Mark Twain, escritor americano

Edwene Gaines é uma das minhas orientadoras espirituais favoritas. Ela é engraçada, sagaz e sabe como os princípios espirituais funcionam. Ela dá palestras sobre prosperidade nas quais ensina as pessoas a terem vidas mais abundantes e centradas em Deus.

Mas, como qualquer um de nós, Edwene teve que aprender os princípios espirituais fazendo as suas próprias experiências. Ela conta uma história hilária sobre a "primeira grande demonstração" que fez. De acordo com a tradição espiritual de Edwene, uma *demonstração* é quando você cria mais ou menos do nada alguma coisa que quer ou de que precisa muito.

Na época da primeira demonstração de Edwene, ela tinha pouca experiência no mundo dos princípios espirituais. Ela estava completamente sem dinheiro. Como ela gosta de dizer, "não tinha nem um tostão furado no bolso".

Mas ela ouviu um professor fazer um comentário maluco de que Deus não só gostava muito dela, mas também queria abrir os portões do céu para ela e derramar-lhe todas as suas bênçãos — se ela simplesmente aprendesse como direcionar a energia que havia dentro de si mesma. Mas, primeiro, ela tinha que saber o que queria e quando queria receber.

Isso era fácil. Em quinze minutos, Edwene encheu todo um caderninho com o seu desejo — sapatos novos, um namorado novo, um carro novo e por aí afora.

Ela decidiu que também queria uma semana de férias na Cidade do México. Ela nunca tinha ido ao México, mas achava que seria um ótimo lugar para praticar o espanhol que estava aprendendo. E sempre quis conhecer a Pirâmide do Sol, a Pirâmide da Lua e ver as pinturas de Diego Rivera.

Edwene não tinha dinheiro para fazer a viagem, então listou esse desejo como uma brincadeira. Mas pensou bem e foi até uma agência de viagens, deu uma olhada nos folhetos e fez uma reserva num voo para dali a três meses.

— Pensei que o pior que podia acontecer era eu ficar meio constrangida na frente do agente de viagens por não poder pagar a passagem — explicou Edwene.

— Mas isso é porque você não se sente rica — disse o professor dela. — Você não está vibrando como uma pessoa rica.

— É que... acho já comentei sobre isso... — continuou Edwene. — Você sabe quanto eu tenho no banco neste exato momento? Estou com dificuldade até para pagar a conta de luz.

— É exatamente por isso que tem que sair e fazer alguma coisa que faça você se sentir rica — insistiu o professor.

Edwene decidiu que o grande desafio dela seria no supermercado.

— Eu era uma daquelas pessoas que compram o indispensável: feijão, pão, farinha, o básico — disse ela. — Eu não ousava gastar nem um centavo em coisas supérfluas. Nada como sais de banho. Eu estava controlando as minhas despesas.

Então da vez seguinte em que foi ao supermercado, ela decidiu dar uma passada pela seção gourmet, apenas para dar uma olhada.

Viu um vidro de azeitonas recheadas com amêndoas. "As pessoas ricas deviam comer coisas assim", pensou. Então comprou as azeitonas e, ao chegar em casa, ligou imediatamente para uma amiga.

— Lana, estou indo para aí. Vamos sentar na beira da piscina da sua casa e beber aquele vinho que você comprou nas suas

E² – Energia ao quadrado

taças de cristal maravilhosas. E vamos comer azeitonas recheadas, uma extravagância que acabei de fazer, e fingir que estamos de férias na Cidade do México.

— Como é que é?

Depois de um tempo, Lana acabou concordando com a brincadeira. E elas sentaram na beira da piscina, beberam vinho, comeram azeitonas, riram e fingiram que estavam de férias na Cidade do México.

— Ah, querida, que pirâmide vamos visitar amanhã? — perguntou Edwene. — Ou será que você prefere ir à praia?

E então Lana respondeu:

— Prefiro fazer as duas coisas. E depois vamos até o mercado ouvir os *mariachis*.

Elas se divertiram tanto fingindo que estavam de férias que Lana decidiu ir para a Cidade do México também. No dia seguinte, ela foi até a agência de viagens e fez uma reserva no mesmo voo que Edwene.

Uma semana depois, a mãe de Lana ligou e disse que pagaria as passagens de avião para ela.

— E eu continuava fazendo afirmações — brincou Edwene.

Algumas semanas depois, o agente de viagem ligou e disse à Edwene que ela tinha que pagar a passagem naquele dia, senão ia ter que abrir mão da reserva.

—Tá bom, já estou indo para aí resolver isso — disse Edwene, mesmo se sentindo como uma mãe com os armários da cozinha completamente vazios e um bando de filhos para alimentar. Ela entrou no carro e decidiu que já era hora de ter uma conversa séria com Deus.

— Deus — disse ela —, já fiz tudo o que sabia fazer até agora. Fiz a lista dos meus desejos. Fiz as minhas afirmações. Fingi que era rica. Agora é com você. E, Cara, o agente de viagem ligou. Estou indo para lá e é melhor esse dinheiro aparecer logo.

No caminho para a agência, ela teve um impulso de parar na casa da mãe.

— Agora me conheço bem o suficiente para saber que estava pensando comigo que se eu dissesse à minha mãe que a mãe de Lana ia comprar as passagens dela, talvez ela comprasse as minhas — admitiu Edwene.

Ela foi até a casa de sua mãe, foi gentil e simpática como nunca tinha sido antes e contou à ela sobre as férias com que ela e Lana estavam sonhando. Para terminar a história, olhou para a mãe e disse:

— E sabe de uma coisa? A mãe da Lana vai dar as passagens para ela. Isso não é maravilhoso?

— Nossa, que ótimo! — respondeu a mãe de Edwene. — E o que você vai fazer?

Com aquele banho de água fria, Edwene decidiu que não tinha mais nada para fazer ali e estava indo embora quando sua mãe lhe pediu para pegar a correspondência para ela.

A casa tinha um jardim bem grande na frente, e o caminho até a caixa do correio era longo. Edwene foi até lá, chutando pedras e praguejando. Quando voltava, deu uma olhada nas cartas e viu que uma delas lhe era endereçada.

— Dá para entender uma coisa dessas? Eu não morava naquela casa há uns quinze anos e há uns quinze anos, ninguém me mandava nada nesse endereço.

Edwene não tinha a menor ideia de quem tinha escrito aquela carta, e então abriu o envelope. Para a surpresa dela, a carta era de uma antiga colega de apartamento que tinha se casado e mudado para outra cidade. Na época, elas eram jovens, sem dinheiro nenhum e só compravam móveis e utensílios usados.

Nem três meses depois que elas começaram a morar juntas, Edwene arrumou um emprego e foi dar aulas em outro país,

E² – Energia ao quadrado

deixando o apartamento que ela e a colega dividiam e toda a mobília e utensílios usados para trás.

A carta dizia o seguinte:

Querida Edwene,

Encontrei na lista telefônica de Houston o endereço dos seus pais e resolvi lhe escrever. Queria lhe dizer que, quando me casei e me mudei para uma casa nova com o meu marido, nós compramos móveis novos, e então vendi os que tínhamos comprado juntas para o nosso apartamento. Acontece — você não vai acreditar! — que vários deles eram muito antigos e valiam um bom dinheiro. Acho justo dividir o que consegui por eles com você. Afinal, compramos tudo juntas e dando um duro danado. Aqui vai um cheque com a sua metade do dinheiro.

— E quer saber de uma coisa?! — disse Edwene. — Era a quantia suficiente para pagar a minha passagem, até o último centavo, e ainda sobravam cem dólares para eu gastar na viagem.

Edwene contou ainda uma continuação muito engraçada da história. Ela e Lana tiveram férias maravilhosas na Cidade do México. Fizeram compras, tomaram sol na piscina do hotel, visitaram as pirâmides e passearam no mercado.

— E, em todo lugar que íamos, Lana recebia flores — disse Edwene. — Estávamos andando pelo mercado e os *mariachis* paravam para cantar para nós e davam uma gardênia de presente para Lana. Um dia, estávamos no ônibus e um cara entrou, deu uma rosa à Lana e desceu em seguida. Numa noite no jantar, mandaram uma caixa grande e branca para a nossa mesa. Lana abriu e havia uma orquídea linda lá dentro.

— Nesse momento, comecei a me sentir meio deixada de lado. E disse a Deus: "Ei, meu camarada, preciso de um sinal de que também sou amada" — disse Edwene.

Nem quinze minutos depois, o garçom do restaurante nos trouxe a entrada.

— E Deus tem mesmo muito senso de humor — riu Edwene. — Você sabe o que o garçom trouxe para nós? Azeitonas recheadas com amêndoas!

O método

A comunidade científica ocidental e, na verdade, todos nós estamos numa grande encruzilhada agora, porque, para manter o nosso modo de ser, temos que ignorar uma grande quantidade de informação.

— Cleve Backster, pesquisador de plantas e ex-agente da
Central Intelligence Agency (CIA)

Mesmo que esse seja um dos fundamentos dos princípios espirituais (e lembre-se, espiritual apenas significa o que não é matéria), ele não foi descoberto numa igreja, mas num laboratório de Física. É, os cientistas foram os primeiros a descobrir que, a despeito de todas as aparências em contrário, os seres humanos não são matéria, mas ondas de energia constante.

Nesta experiência, você vai provar que os seus pensamentos e sentimentos também criam ondas de energia. Eis o que você vai fazer: pegue dois cabides de arame, muito fáceis de encontrar. Endireite o pescoço de cada um deles até que fiquem em linha reta. Eles serão as suas "varinhas de Einstein", e você irá posicioná-los na frente do seu corpo, formando um T, a parte mais longa, de uns trinta centímetros, na vertical, e a parte mais curta (os antigos pescoços, agora em linha reta) de uns doze centímetros apontados para a frente. Corte um canudo de plástico (desses que você pode pegar em qualquer lanchonete) ao meio, insira cada uma das metades do canudo cortado na ponta do cabide apontada para a frente (isso vai fazer as varinhas balançarem mais facilmente) e dobre um pouco a ponta do cabide para prender o canudo no lugar.

Agora, finja que você é um xerife num filme de faroeste, com um revólver em cada uma das mãos. Levante os braços e posicione as suas varinhas de Einstein na altura do peito, a uns 25 centímetros do seu corpo. Elas vão oscilar por um tempo (como eu disse, você é um rio constante de energia), então espere alguns minutos até que parem. Quando estiverem completamente paradas, pode começar a experiência.

Com os olhos abertos, fixos à frente, lembre-se de alguma experiência desagradável que aconteceu com você no passado. Dependendo da intensidade da sua emoção, as varinhas ou vão ficar paradas e retas (intensidade fraca) ou vão apontar uma para a outra. As varinhas estão seguindo o campo eletromagnético em volta do seu corpo, que se contraiu como resultado da frequência negativa gerada pelos pensamentos e emoções desagradáveis que está tendo.

Agora faça a sua frequência vibracional se tornar positiva, pensando em alguma coisa que lhe inspire amor e alegria. As varinhas agora vão se abrir, assim como o seu campo eletromagnético se expandiu com o fluxo de energia positiva.

Ok, agora mantenha os olhos fixos num ponto à frente, mas foque a sua atenção num objeto que está mais à direita ou mais à esquerda e observe as suas mãos seguirem os seus pensamentos. Quanto mais você brincar com essa experiência, mais acostumado vai se tornar a sentir as mudanças vibracionais quando passa de uma frequência à outra.

Relatório da experiência

Princípio: O princípio de Albert Einstein

Teoria: Você também é um campo de energia.

Pergunta: Será que é mesmo verdade que eu sou energia?

Hipótese: Se eu sou energia, posso direcioná-la.

Tempo necessário: duas horas

Data e hora do início da experiência:

_____

Abordagem: Uau! Apenas com os meus pensamentos e a minha energia, posso mover essas varinhas para cá e para lá. Imagine só que outras mágicas posso fazer com toda essa energia. Vou mandar ver!

Observações:

_____

_____

_____

Para ser um verdadeiro explorador das ciências — seguir a orientação sem preconceitos da pura investigação científica — é preciso não ter medo de propor o impensável e provar que os amigos, colegas e paradigmas científicos estão errados.

— Lynne McTaggart, autora de O *campo:*
em busca da força secreta do universo

Experiência Nº 4

O princípio abracadabra:

TUDO EM QUE VOCÊ FOCAR A SUA ATENÇÃO VAI SE EXPANDIR

Posso manipular as influências externas na minha vida assim como certamente posso fazer um bebê chorar fazendo caretas.

— Augusten Burroughs, escritor americano

A premissa

Quando escutei pela primeira vez que os meus pensamentos poderiam trazer bens materiais para a minha vida, fiz o que qualquer pessoa inteligente e racional faria: caí na gargalhada. Mas também decidi fazer uma experiência. Afinal, não iria doer nada.

Andrea, minha professora, pediu para que eu escrevesse três coisas que queria muito alcançar. Só isso. Não precisava lançar a folha de papel do alto de uma montanha. Não tinha que economizar. Apenas tinha que fazer uma lista. Por que não? *Quero uma bicicleta, um computador e um piano.*

Em duas semanas, eu era a orgulhosa proprietária de uma *mountain bike* vermelha e de um computador. Já o piano levou um pouco mais de tempo. Mas anos depois, a minha amiga Wendy, que estava se mudando para Maryland, me ligou e disse que, se eu quisesse, ela me daria o belíssimo piano Kimball de cerejeira que ela tinha. A minha filha, a quem eu obrigava a ter aulas de piano, pragueja contra mim desde então.

É, este é o capítulo pelo qual você estava esperando. O capítulo sobre como manifestar coisas materiais. Esse é o princípio espiritual que atrai muitos futuros seguidores dos princípios espirituais, como, por exemplo, garotos de quinze anos que querem manifestar Megan Fox na vida deles.

E² – Energia ao quadrado

Deixe-me adivinhar... Em algum momento da sua vida, você leu *Pense e enriqueça*, *The Magical of Believing* e O *poder do pensamento positivo*, se não todos, pelo menos um deles. Mesmo velhos e ultrapassados, há uma razão para que esses livros ainda continuem vendendo muito. Eles falam uma verdade universal. *Se você sabe o que quer, pode conseguir.*

A minha amiga Chris — ou melhor, a maioria dos meus amigos — acha que esse princípio usa algum tipo de mágica, algum tipo de feitiço misterioso que pode funcionar para uns e não para outros. Mas, na verdade, ele não é mais complicado do que viajar entre cidades, desde que tenha um mapa. Vamos dizer que você está agora numa cidadezinha pequena e sem muitas oportunidades, tem um carro velho, ano 1994, caindo aos pedaços, um trabalho que não aguenta mais e passa os fins de semana assistindo a filmes sozinho. Você quer ir para uma grande metrópole, cheia de oportunidades, ou seja, quer ter um carro novinho em folha, um trabalho bem-remunerado em que use todo o seu potencial e passar os fins de semana assistindo a filmes ao lado de uma companhia maravilhosa.

Então como é que você chega lá? Como é que vai de uma cidade à outra? Você começa focando a sua atenção na grande metrópole. Até esquece que "mora" no interior, que o seu carro está caindo aos pedaços. Você lembra a cada momento que está indo para a metrópole ou está voltando para o interior. Cada pensamento que tem é um passo numa direção ou na outra. Os pensamentos que te levam de volta para a cidade pequena são: *Um bom trabalho e encontros incríveis não são fáceis de achar.* Ou, uma versão bem mais popular: *Um bom trabalho e encontros incríveis não são para alguém como eu.*

Já os pensamentos que te levam na direção da cidade grande são mais ou menos assim: *Esse novo trabalho que consegui é maravilhoso. E: Uau!, olha essa pessoa aqui do meu lado no sofá!* Quanto mais energia e entusiasmo você investe na "viagem", mais rápido você chega lá.

Algumas pessoas ficam animadas, dão alguns passos na direção dos desejos delas, entram em pânico e voltam novamente na direção da cidade pequena onde estão. Outras deixam os limites dessa cidade, andam por um tempo, param para dar uma olhada ao redor e ficam despontadas porque nada ali se parece com a metrópole aonde querem ir.

É claro que não se parece com a cidade grande aonde você quer ir. Você ainda não chegou lá. Ainda está vendo a mesma paisagem do interior de onde saiu, e isso é algo pelo qual tem que passar para chegar à metrópole. Mas você já saiu de lá. Anime-se e mantenha o foco. Não importa o que faça, não pare de andar. A única maneira de alcançar a doce linha de chegada, com uma garrafa de champanhe te esperando, é manter o nariz apontando para aquela direção. Não faça a volta; não olhe para trás. Aquela cidadezinha pequena é passado. Mantenha o foco na cidade grande.

Em primeiro lugar, você vai se sentir um herói fazendo esse esforço todo. E vai ficar impressionado em ver como é fácil ficar focado na cidade grande, cheia de oportunidades. Vai sorrir e pular, e apreciar a paisagem. Mas, inevitavelmente, algumas distrações ameaçadoras podem surgir de repente. Você pode começar a ter certos pensamentos melancólicos, pode ficar entediado com a nova rotina e querer voltar para aquela cidadezinha — você sabe, não é?, para uma visitinha, um café rápido. Vai começar a passar cada vez menos tempo na cidade grande e cada vez mais tempo dando a si mesmo vários motivos para considerar que todo esse esforço é inútil.

E² – Energia ao quadrado

Talvez seja melhor abandonar tudo antes que você não saiba mais de onde é.

Não faça isso. Apenas continue andando, continue focando na cidade grande. A coisa mais importante aqui é se lembrar de que não há trabalho físico envolvido nesta experiência. Tudo é apenas uma questão de treinar o cérebro e a atenção, já que é muito fácil se distrair.

Parece algo que nunca vai acontecer de verdade, eu sei. Mas já vi acontecer muitas e muitas vezes. Para chegar à metrópole não é preciso nenhum dom específico. Basta apenas a determinação de continuar andando. E focar toda a atenção, energia e consciência. E só para deixar claro, as cidades aqui são apenas uma ilustração que usei, não tenho nada contra nenhuma cidadezinha pequena. Ao contrário, adoro várias.

Sempre penso nisso como se fôssemos um mágico tirando lenços de uma cartola. Se você conseguir segurar firme na ponta de um dos lenços, conseguirá puxar todos eles. É só isso de que precisa — uma pontinha do lenço. Decida o que quer e mantenha o foco até que tenha conseguido tudo.

O que você pode manifestar? Qualquer coisa que já viu, ouviu ou experimentou. O mundo é basicamente o seu próprio catálogo de compras. Se você viu ou mesmo se pode imaginar, agarre a pontinha do lenço e comece a puxar.

Talvez eu deva ser mais específica. Por exemplo, a "cidade grande" do meu amigo Don é um violão Martin. Eles são caríssimos. Os modelos mais baratos devem custar mais de mil dólares, e embora Don não tenha dinheiro para comprá-lo, fez a intenção de ter um. E não fez mais nada, apenas continuou acreditando (focando a atenção dele naquele violão), e então um dia, de algum modo, ele conseguiu um.

Quase um ano depois de fazer a intenção, ele recebeu um telefonema da mãe:

— O seu pai acabou de comprar um violão velho por cinco dólares numa venda de garagem. Achamos que a Daisy vai gostar de brincar com ele.

Bem, o brinquedinho para Daisy, a filha de Don, era na verdade um violão Martin raríssimo, de 1943, de uma edição de apenas cem unidades — o mesmo violão que Eric Clapton usa — e vale algo perto de 20 mil dólares. Parece que Daisy vai ter que esperar para herdá-lo no testamento de Don.

Mesmo que esse princípio seja o farol que representa tudo o que as pessoas pensam que querem — férias na Jamaica, uma casa na praia etc. —, na verdade ele é uma hierarquia de necessidades. É somente o primeiro, talvez o segundo degrau. Você precisa dominar esse princípio, é claro, de modo que possa tirar a sua atenção das preocupações e saber a verdade sobre quem é. Mas nenhuma dessas coisas é o que você realmente quer. Não mesmo.

Jesus não poderia ter trazido Lázaro de volta à vida e multiplicado todos aqueles pães e peixes se estivesse preocupado com casas na praia. Mas não quero fazer você se sentir culpado por querer uma casa na praia. Não há nada de errado com isso, ou qualquer com outra coisa material que queira. Não se sinta culpado. Se quer algo, persiga tal coisa com todo o seu coração e força. Apenas saiba que existem degraus mais altos. E que a maioria das pessoas acumula bens materiais por medo. E medo, no fim das contas, é do que estamos tentando nos libertar.

E² – Energia ao quadrado

Colocando os patinhos em fila (ou o que é a coerência?)

O espírito maior está em toda a parte. Não é necessário falar com ele em voz alta. Ele ouve o que quer que esteja nos nossos corações e mentes.

— Black Elk, curandeiro dos nativos siú

A maioria das pessoas pensa que pode estimular mudanças apenas dirigindo a Deus um grito bem alto de "socorro!". Mas já que agora sabemos que Deus é o campo de energia que orienta o universo, também sabemos que cada pensamento que temos estimula a mudança. A cada momento nós pensamos alguma coisa — *Essa saia faz ela parecer o John Travolta em* HairSpray ou *Vou fazer* haraquiri *se não conseguir esse aumento* —, a cada momento influenciamos o Campo de Infinitas Potencialidades. Acho que não custa nada repetir que *cada pensamento que temos afeta o Campo de Potencialidades.*

A única razão pela qual não transformamos água em vinho ou curamos o câncer com o toque das nossas mãos é porque os nossos pensamentos são dispersos. Em vez de ser um constante e bem-equilibrado diapasão, eles são mais como uma banda de garotos que começaram a tocar juntos há pouco tempo.

Por um lado rezamos para que as coisas deem certo, mas por outro nos preocupamos porque talvez elas não deem. Ao mesmo tempo, imaginamos um resultado positivo, mas secretamente achamos que esse otimismo todo é um monte de bobagens. Nós queremos ter uma relação com fulana ou sicrano, mas e se ela ou ele forem embora? Nós queremos ter dinheiro, mas a

Bíblia não diz alguma coisa sobre camelos e pessoas ricas e um buraco de agulha?

A força está literalmente batendo cabeça. *Vá nessa direção. Não, espere, vá naquela direção.* Parece um inseto preso num vidro, tentando encontrar uma saída. Está se dissipando porque não temos uma ideia clara do que realmente queremos. Não é que o Campo de Potencialidades não esteja respondendo às nossas preces. Nós apenas estamos rezando para muitas coisas.

Quando você imagina que uma pessoa comum tem algo em torno de 60 mil pensamentos por dia, percebe que está pedindo mais do que o "Por favor, Deus, me livre da multa por excesso de velocidade" que diz em voz alta quando vê que avançou um sinal vermelho.

Certo, você pede paz de espírito, mas também gasta 1,2 mil pensamentos por dia obcecado com aquele colega que roubou a sua ideia para o site da empresa. É, você faz uma intenção de pensar e de enriquecer, mas também dedica quinhentos pensamentos se preocupando com as prestações do carro que estão vencidas. Quando você compreende suas preces como realmente são, fica fácil entender por que aquele único apelo a Deus nem sempre é bem-sucedido.

A única razão pela qual Jesus podia andar sobre as águas era porque cem por cento dos pensamentos (preces) que tinha o levavam a acreditar que ele podia fazer isso. Ele superou o sistema de pensamento do mundo que diz "Apenas um idiota seria estúpido o suficiente para sair desse barco". Não havia nenhum pensamento na cabeça dele que o fizesse acreditar completamente naquilo.

A sua mente é muito poderosa, não importa o quanto você desrespeite esse privilégio, ou o quão pouco confiante em si mesmo se sinta. Cada pensamento produz forma em algum nível. Por mais que os pensamentos que tenha sejam confusos (e acredite, se você é um ser humano, pelos menos uma boa parte dos seus pensamentos é confusa), isso não os torna fracos ou ineficazes. Fracos e ineficazes para conseguir o que você quer, talvez, mas nunca apenas fracos e ineficazes.

A primeira lei de oração de Newton

Ao escolher os seus pensamentos, selecionar a corrente emocional que vai liberar e a qual vai reforçar, você determina o [...] efeito que tem sobre os outros e a natureza das experiências na sua vida

— Gary Zukav, autor de O *coração da alma*

Quando joga uma bola de tênis para cima, sabe que ela vai cair de volta. É garantido, ela pode cair no jardim do vizinho ou no teto da loja de conveniência, e você vai precisar de uma escada para pegá-la, mas com toda a certeza vai cair de volta.

A intenção é como uma bola de tênis lançada para cima. Da mesma maneira que foi lançada, vai voltar. Como Newton disse na famosa terceira Lei do Movimento, para cada ação há uma reação, igual e contrária. O que você lança no campo de energia, para o que você "reza", recebe de volta na mesma medida. Se lança pensamentos de medo, recebe de volta coisas a temer. Se mente, vão mentir para você. Se critica, será criticado. Mas se lança amor, recebe um amor grande e abundante de volta. Se lança bênçãos, é abençoado de volta.

Se você quer saber para o que está rezando realmente, olhe a sua vida e vai ver os seus pensamentos mais profundos, o real desejo do seu coração, as orações que só você sabe que reza.

Uma amiga minha tinha pavor de aranhas. Ela costumava se preocupar com a possibilidade de um dia abrir a gaveta do armário do banheiro de manhã e encontrar uma aranha gigante lá dentro. Esse pensamento sem sentido passou pela cabeça dela todas as manhãs durante meses a fio, até que ela abriu a gaveta e havia uma aranha enorme e peluda lá.

Para dizer de outra maneira, o pensamento é criativo. Os pensamentos que tem, consciente ou inconscientemente, criam o que você vê na sua vida. Cada pensamento tem uma certa vibração. Ele volta para você, como um bumerangue, de acordo com a frequência e a profundidade que têm. Os seus pensamentos aparecem na sua vida na proporção da constância, da intensidade e da força deles.

Uma verdadeira batalha de pensamentos (ou como a sua mente funciona)

Tem um monte de gente dentro de mim.

— Pradeep Venugopal, blogueiro indiano

A sua mente está comprometida num confronto permanente entre as diferentes e conflitantes partes de si mesmo. Essas intenções despedaçadas, se você deixar, colocam todo tipo de dinâmica em movimento. Vamos dizer que você tenha uma intenção consciente de comprar uma casa nova. No mesmo momento em que coloca essa intenção em movimento, lança simultaneamente um medo inconsciente, mas igualmente poderoso, do pagamento das prestações. Você começa a se afligir com a taxa de juros e a se preocupar com o acompanhamento da reforma, e isso lança ainda mais intenções inconscientes. Se essas intenções de medo inconscientes são mais fortes do que as intenções conscientes do desejo... Bem, adivinhe quem sai vencendo?

A dinâmica de lançar intenções opostas pode produzir confusão e dúvida. Quando você se abre para novas percepções e desejos e simultaneamente experimenta medo e angústia, inicia uma batalha dentro de si mesmo.

E a coisa não para, você começa a duvidar de que fazer intenções realmente dê certo. Ou pelo menos conclui que isso não funciona no seu caso. Fica desencorajado e começa a acreditar que a vida e as circunstâncias são mais fortes do que você.

Acredite, não são. Não mesmo. As suas intenções conflitantes estão simplesmente criando turbulência no Campo de Potencialidades.

Os seus pensamentos são extremamente poderosos. Mas o Campo de Potencialidades não responde apenas aos seus apelos. Vou repetir mais uma vez: ele responde a *cada* pensamento que você tem — consciente ou inconsciente —, estabelecendo uma verdadeira batalha entre lados opostos. Aqui estão quatro das batalhas mais comuns:

1. O hábito. Nós, seres humanos, temos essa tendência irritante de estabelecer padrões de repetição. Lembra daqueles 60 mil pensamentos por dia que mencionei anteriormente? Bem, pelo menos mil são exatamente os mesmos pensamentos que você teve no dia anterior. Os cientistas nos dizem que 98 por cento dos 60 mil pensamentos por dia que temos são repetições.

O meu vizinho tem uma cerca elétrica. Não dá para vê-la, mas se o cachorrinho dele se atreve a botar o pé para fora dos limites, leva um choque. Somos iguais a esse cachorrinho — aprisionados pelas nossas cercas invisíveis.

Em vez de usar nossos pensamentos para ter novas ideias, para pedir respostas para os grandes mistérios da vida, nós os desperdiçamos em coisas triviais, sem importância e completamente sem sentido. Dê uma olhadinha nas manchetes de uma revista feminina nas bancas:

Como perder a barriga em três semanas
Dicas de última hora para muito mais glamour
Quiz: O seu namorado ama mesmo você?

Será que não temos nada melhor para pensar?

Se todas as leitoras das revistas femininas se perguntassem em vez disso "O que posso fazer para aprimorar a minha alma?" ou "Como posso tornar o mundo um lugar mais amoroso?", os grandes problemas de que temos tanto medo se resolveriam em apenas um ano. Uma quantidade imensa de pessoas se concentrando em questões como essas seriam uma força incontrolável.

2. A publicidade. Os anunciantes gastam bilhões de dólares por ano para tentar convencê-lo de que sem os produtos deles você é um completo e total fracassado. Os modelos dos anúncios são a razão por que nos tornamos insatisfeitos com o que temos e com quem somos. Um estadunidense comum vê entre 1,5 mil e 3 mil comerciais por dia. Mesmo aqueles que não assistem à televisão são constantemente convidados ao consumo. Tudo na nossa sociedade foi pensado para fazer propaganda.

E² – Energia ao quadrado

Os anúncios mais perigosos, no que me diz respeito, são os dos novos medicamentos, porque eles ensinam as pessoas a ficarem doentes. Já fizeram um bom trabalho nos convencendo de que precisamos de desodorantes cada vez mais eficazes, enxaguante bucal e duas pizzas pelo preço de uma. Agora estão investindo numa nova área, nos ensinando a ficar doentes. Steven Pressfield, autor do best-seller *The Legend of Bagger Vance* e de outros livros, disse que a ex-agência de propaganda dele o instruiu a inventar uma doença qualquer porque assim eles podiam vender um monte de outras coisas.

3. A cabeça das pessoas. Como as ondas de rádio que vagam pela atmosfera, os pensamentos das outras pessoas constantemente te bombardeiam também. Você inconsientemente recolhe os pensamentos da sua família, da sua cultura e da sua religião, mesmo que não a pratique ativamente.

Uma vez conheci um cara que tinha inventado vários produtos, inclusive muitos que você e eu usamos no dia a dia. Ele era comumente chamado de gênio. Mas se lhe pedissem para fazer um teste de avaliação desempenho acadêmico, teria sido mandado de volta para o primeiro ano. O cara nunca tinha aprendido a ler na vida. E disse que isso foi intencional.

— Se eu tivesse aprendido a ler — disse ele —, teria apanhado as ideias de outras pessoas e colocado uma pá de cal nas que estavam na minha cabeça. Escolhi evitar interferências.

Quero deixar bem claro que não estou defendendo o analfabetismo, mas apenas fazendo uma observação de que quanto menos sofremos interferência de um mundo maluco, cheio de ideias, melhor acessamos o Campo de Potencialidades. Na verdade, a razão pela qual todo *grande chefão* espiritual medita é para ajudar a evitar essas interferências.

4. A sua própria cabeça. Apesar do que você possa achar que está pensando, é bastante provável que exista um pensamento muito maior bem no meio do caminho. Infelizmente, todos nós temos uma trilha sonora subjacente que é mais ou menos assim:

Tem alguma coisa errada comigo.
Eu não sou bom o bastante.
Não sei fazer nada especial.
Não mereço isso.
Não posso fazer isso.
É difícil demais.

Sentenças negativas devastadoras como essas são o que chamamos de falsas orações, as crenças-padrão às quais se obedece cegamente. A notícia ruim é que elas atuam *como se fossem* verdade. Elas são uma espécie de amuleto pessoal que você, sem querer, carrega para todo lado. E você não sonharia em enfrentar a vida sem elas porque, bem, elas são tão familiares...

Quando comecei a escrever para revistas, tinha um complexo de inferioridade que não caberia num estádio de futebol. Tudo porque eu era de uma cidade do meio-oeste dos Estados Unidos, e não podia imaginar que tivesse alguma coisa a dizer para um editor descolado de Nova York. Embora tenha enviado muito material de histórias com as minhas ideias, realmente não esperava vender nenhuma delas. Afinal, sabia que elas não eram suficientemente interessantes para circularem naquelas revistas. Na melhor das hipóteses, imaginei que algumas poderiam ficar em stand-by.

Não é preciso dizer que recebi uma série de cartas de recusa: tantas que dava para cobrir todos os muros da minha cidade. Os editores não me disseram para desistir, mas também não me encorajaram a continuar escrevendo.

E² – Energia ao quadrado

Então li um livro chamado *Write for Your Life*, de Lawrence Block. No começo dos anos 1980, quando a coluna de Block para a revista *Writer's Digest* estava no auge da popularidade, ele e a esposa, Lynn, decidiram fazer uma série de congressos para pretendentes a escritores.

Diferente da maioria dos congressos para escritores em que você aprende a fazer o planejamento de enredos ou a elaborar estratégias para conseguir um agente, os de Block eram sobre a única coisa que realmente interessa quando se trata de se tornar um escritor: encontrar o próprio caminho e se livrar dos pensamentos negativos que lhe dizem que tipinho desinteressante de ser humano você é.

Nos congressos, os participantes meditavam, se reuniam em grupos e confessavam os seus maiores medos. Faziam uma série de coisas que os ajudavam a descobrir por que eles queriam escrever e não conseguiam.

Os congressos eram um tremendo sucesso, mas Block, que era um escritor, não um palestrante, acabou se cansando de viajar pelo país para fazê-los. Em vez disso, publicou o livro que caiu nas minhas mãos mais ou menos nessa época.

Levei o livro a sério. Fiz todos os exercícios. Escrevi todas as afirmações. Entrei em contato com a minha criança interior para descobrir do que eu tinha medo. Mandava para mim mesma cartões-postais a cada trinta dias. Nesses cartões, escrevia mensagens encorajadoras, como:

- Pam, você é uma excelente escritora.
- Pam, você tem o que é necessário para vender histórias para os editores de Nova York.
- Pam, você é interessante e as pessoas querem ouvir o que tem a dizer.

Tenho certeza de que o carteiro pensava que eu era meio maluca gastando dinheiro (não importava quanto custaria para mandar os cartões pelo correio) para enviar cartões para mim mesma. Mas se ele soubesse que diferença eles fizeram na minha vida, faria isso para si também.

De repente, comecei a receber encomendas de revistas de prestígio — sim, daqueles editores importantes de Nova York. Primeiro uma delas me pediu um artigo sobre que tipo de exercícios um casal podia fazer junto. Outra me pediu a história sobre uma viagem a Tampa Bay. De repente, esta antes insegura escritora do meio-oeste estava recebendo trabalho das grandes revistas do país, aquelas que você encontra no consultório do dentista.

Será que eu comecei a escrever mais fluentemente, ou tinha encontrado ideias mais emocionantes? Talvez (afinal, essa era uma das minhas afirmações), mas, acima de tudo, mudei a realidade do que eu pensava e dizia sobre mim mesma.

Desisti de pensar que ninguém estava interessado em me contratar. Deixei para trás a ideia ridícula de que eu não era suficientemente talentosa para vender uma história para as revistas de circulação nacional.

Grasnando em uníssono

A coisa mais importante é manter a coisa mais importante como sendo a coisa mais importante.

— Dizeres numa camiseta no Havaí

O diretor de cinema Michael Moore, ao começar um discurso, disse à plateia as seguintes palavras: "Vocês, rapazes, têm que aprender que, quando se desiste de uma garota, ela corre atrás de você".

Em certo sentido, as nossas intenções funcionam da mesma maneira. Ao acreditar que precisamos desesperadamente de um milagre ou de alguma outra coisa que não temos nesse momento, negamos a verdade. Nós adotamos uma atitude errada.

Toda vez que procuramos uma resposta, fazemos a suposição falsa de que a resposta ainda não está aqui. Querer amor ou felicidade ou algum outro objetivo que se deseja trai o propósito todo. Presume que o resultado da vida ainda está em dúvida. E não está.

Fazer uma oração não é subornar Deus. É simplesmente entender as leis maiores que superam as leis menores do plano físico. Implorar, pedir ou agir como se o que desejamos não estivesse aqui supõe a dualidade, e não a unidade. E a unidade é o nosso objetivo. Você tem que viver sob a hipótese de que a sua intenção já aconteceu. Tem que sentir que ela já se realizou — coloque os patinhos em fila para juntar todas as ondas numa coerência total.

Não sei se você conhece alguma coisa sobre a tecnologia do raio laser, mas funciona mais ou menos da mesma forma que o Congresso Americano em 12 de setembro de 2001, um dia depois do ataque às torres gêmeas do World Trade Center. Aqueles senadores velhos e briguentos esqueceram que eram republicanos e democratas, liberais e conservadores. A única coisa na cabeça deles era: "Eu sou norte-americano". E então cantaram juntos o hino nacional numa só voz. Bem, é assim que o laser funciona.

Diferente da luz comum, que tem uma série de diversos tipos e tamanhos de comprimentos de onda, o *laser* só tem um comprimento, o que garante a ele uma precisão aguda.

Pam Grout

É assim que você deve fazer as suas intenções. Isto é, se quiser mesmo que alguma coisa aconteça. Jesus não duvidou nem por um segundo que havia comida abundante para todos.

Na verdade, uma das razões pela qual Jesus foi crucificado foi justamente porque os homens que estavam no poder na época achavam que ele era muito confiante. Como é que ele ousava ter coragem de pensar que podia fazer pessoas já enterradas saírem de seus túmulos andando, ou leprosos saírem dançando? Mas Jesus nem *pensava* se podia ou não fazer essas coisas. Ele *sabia* que podia. Ele conhecia a verdade sobre quem era, o que fazia da sua mente um verdadeiro raio laser. Ele não parava para questionar se um homem cego podia ver (afinal, o dom da saúde e de uma expressão perfeita é um direito divino de cada um de nós) ou se a água podia se transformar em vinho. Ele sabia que tinha o direito de comandar o céu e a terra. Na verdade, essa é a única diferença entre Jesus, você e eu. Nós ainda ficamos nos perguntando.

Se você for estudar o aramaico — que era a língua que Jesus falava —, vai ver que a raiz da palavra "pedir" significa mais do que "bem, se não for incomodar muito...". "Pedir" em aramaico é uma combinação de "afirmar" (por exemplo, "a escritura dessa terra é minha") e "exigir". Pedir alguma coisa numa oração é simplesmente segurar aquilo que é seu. Você tem o direito, e mesmo a responsabilidade, de comandar a sua vida.

"Como podemos ter certeza disso?", você me pergunta. Do mesmo jeito que você tem certeza de que dois mais dois é igual a quatro. Porque é um princípio matemático simples e inalterável. Se somar dois mais dois e encontrar cinco, não é culpa da matemática. Da mesma forma, se não está encontrando as respostas que procura, não é culpa do Campo de Potencialidades. É você que está deteriorando o princípio.

As intenções que estão focadas numa personalidade inteira e integrada são como laser — um raio único e claro.

Histórias de experiências pessoais

Um navio no porto está seguro, mas não foi para isso que um navio foi feito.

— Benazir Bhutto, ex-primeira-ministra do Paquistão

Quando tinha 34 anos, o escritor Augusten Burroughs decidiu parar de beber e se tornar um autor da lista dos mais vendidos do *New York Times*. Como ele diz nas memórias que escreveu, a distância entre um revisor alcoólatra na miséria e uma sensação literária que recebeu uma série de críticas maravilhosas parecia muito grande. Era um Grand Canyon virtual. Mesmo assim, um dia, decidiu que era isso que iria almejar.

Quatorze dias depois, ele terminou o seu primeiro romance.

"Eu não esperava que ele se tornasse um best-seller. Era um livro para ser lido comendo pipoca. Eu apenas esperava que ele fosse publicado."

E em seguida escreveu um livro de memórias sobre a infância que teve.

"E esse, eu decidi, precisava ser um best-seller do *New York Times*, ocupando os primeiros lugares da lista de mais vendidos. Tinha que ser traduzido para várias línguas e virar um filme", escreveu ele.

O agente literário sugeriu que ele não criasse tantas expectativas.

"Entendi o ponto de vista dele", explicou Augusten. "Mas também entendi que o livro seria um sucesso, não porque fosse excepcionalmente bem-escrito [...], mas porque tinha que ser um best-seller, de forma que eu pudesse deixar o meu emprego sem graça no mercado publicitário para escrever em tempo integral."

O livro de memórias de Augusten, *Correndo com tesouras*, ficou setenta semanas consecutivas na lista de mais vendidos do *New York Times*. Até o momento ele já foi publicado em quinze países e virou um filme estrelado pela maravilhosa Annette Bening.

"Sorte? A realização por acaso dos desejos egoístas de um homem desesperado?", se pergunta Augusten. "Não. Nada é por acaso."

Rezar? Quem, eu?

É maior do que nós dois, Ollie.

— Stan Laurel, da dupla de
comediantes de O *Gordo e o Magro*

As pessoas com frequência me dizem: "Eu não rezo. É uma perda de tempo. Assim como acreditar em Papai Noel e em saci-pererê". E a minha resposta? É impossível parar de rezar. Não dá para fazer isso. Thomas Merton, um místico cristão, dizia que "nós rezamos respirando".

Vamos dar uma olhada no exemplo de Al Unser, o corredor que ganhou quatro vezes as quinhentas milhas de Indianápolis, a última vez cinco dias depois de completar 48 anos. Ele não chama de rezar, mas, quando ganhou a corrida, demonstrou o verdadeiro poder de rezar.

Naquele ano, 1987, para ser mais exata, ele tinha sido dispensado da equipe para a qual corria sem mais nem menos, apesar de já ter ganhado três vezes as quinhentas milhas. Pela primeira vez em 22 anos, parecia que ele teria que ver a corrida

E² – Energia ao quadrado

da arquibancada. Os patrocinadores e muitas outras pessoas diziam que ele "já era".

Mas na cabeça dele, a cada pensamento que tinha, Unser sabia que não estava velho demais para a corrida. Ele sabia que ainda podia vencer. Aquela reza foi tão forte que, quando Danny Ongais, um dos corredores que o tinha substituído na equipe, se acidentou nos treinos, Unser foi chamado de volta para correr com um carro reserva.

Ninguém, a não ser ele mesmo, esperava que Unser conseguisse alguma coisa naquela corrida. Ele não apenas estava dirigindo um carro reserva, mas também, quando foi dada a largada, estava lá atrás na vigésima posição.

Nada disso apagou o campeão que havia dentro dele. Em cada fibra muscular do próprio corpo, ele se sentia como um vencedor. E almejava somente a vitória. Finalmente, na volta número 183, ele fez o que queria fazer e cruzou a linha de chegada, vencendo pela quarta vez as quinhentas milhas de Indianápolis. Al Unser nunca teve dúvidas disso. Cada pensamento dele rezava pela vitória.

Ou então pense na história daquela mulher que nunca tinha levantado nada mais pesado do que uma sacola de supermercado cheia de compras e de repente consegue levantar um carro de duas toneladas para salvar o filho de seis anos preso ali debaixo. Naquele momento ela estava tão concentrada na necessidade urgente de salvar o filho que não havia espaço para qualquer outro tipo de pensamento. "Tenho que tirar o carro de cima do meu filho" era a única oração na cabeça dela. Ela não pensava, em nenhum momento, que isso poderia ser impossível.

O método

Nós estamos poderosamente aprisionados pela maneira que nos conduziram a pensar.

— Buckminster Fuller

Nesta experiência, usando apenas o poder dos seus pensamentos, você vai magnetizar algo na sua vida. Vai definir uma intenção para atrair uma coisa qualquer ou um acontecimento específico para si. Seja bem específico em relação ao que quer.

Como você só tem 48 horas, é melhor escolher alguma coisa que não vai levar os seus pensamentos de volta para "cidade pequena", por exemplo. Veja bem, se decidir manifestar um BMW, é bastante provável que os seus pensamentos predominantes sejam algo em tom irônico como "Ah, claro, agora mesmo". Não é preciso dizer que pensamentos como esse não vão te levar na direção da "cidade grande". Não que você não possa manifestar uma BMW (existem gurus na Índia que pegam joias no ar), mas, pelo bem da mudança de paradigma, vamos começar com pequenos passos. Escolha algo com que consiga lidar, como entradas para a primeira fila de uma peça de teatro ou flores de alguém especial.

Um amigo meu ao fazer essa experiência decidiu que seria, digamos, um cafajeste. Ele queria dormir com duas mulheres ao mesmo tempo. Então em 48 horas, ele conheceu uma moça (com quem está saindo agora) e acabou indo para a cama com ela, e no meio da noite, a filhinha dela, de seis anos, foi dormir junto com eles porque tinha tido um pesadelo.

É por isso que é importante ser bem específico. E ter em mente que o Campo de Potencialidades tem um grande senso de humor.

Relatório da experiência

Princípio: O princípio abracadabra

Teoria: Tudo em que você focar a sua atenção vai se expandir.

Pergunta: Será que posso tirar coisas do nada simplesmente pensando nelas?

Hipótese: Fazendo a seguinte intenção e focando no seu resultado, posso atrair o que quiser para a minha vida.

Minha intenção:

_____

_____

Tempo necessário: 48 horas.

Abordagem: Dei uma olhada no grande catálogo de compras do mundo, e para a realização dessa experiência, decidi que é isso que quero manifestar em 48 horas. Vou focar a minha atenção total nisso. E vou me lembrar do que Abraham-Hicks sempre diz: "É tão fácil manifestar tanto um castelo quanto um botão".

Dia e hora do início da experiência:

_____

Prazo final para a manifestação:

_____

Observações:

_____

_____

_____

A grande maioria das pessoas acha que está pensando quando, na verdade, está apenas reorganizando os seus preconceitos.

— William James, filósofo e psicólogo norte-americano

Experiência Nº 5

O princípio da coluna de aconselhamento:

**A SUA CONEXÃO COM O CAMPO DE ENERGIA
LHE FORNECE ORIENTAÇÃO PRECISA E ILIMITADA**

Sempre desejei que, quando estivesse lidando com a necessidade de tomar uma decisão ou de resolver um problema qualquer, que as nuvens do céu se abrissem e uma voz cósmica, igual à de Charles Heston, me convidasse para ir para o andar de cima, onde o Bibliotecário da Vida se sentaria comigo e pacientemente responderia a todas às minhas perguntas e me indicaria uma direção.

— Henriette Anne Klauser,
autora de *Write It Down, Make It Happen*

A premissa

Orientação interior está constantemente disponível. Não tem essa de ser uma época — nunca teve nem nunca terá — em que você não pode receber ajuda interior. Para qualquer coisa.

Contar com outras ferramentas para tomar uma decisão é pedir para ter problemas. A mente é como um macaco pulando de galho em galho, como dizem os budistas, referindo-se a esse matraquear costumeiro, esse murmurar constante, o-que-devo-fazer-o-que-devo-fazer?, e ela não foi projetada para resolver problemas. É como usar um cortador de unhas para aparar a grama. No entanto, é o que a maioria de nós usa para conseguir orientação — o hemisfério esquerdo do cérebro, dado a julgamentos errados, interpretações falsas e grandes elucubrações.

A mente consciente foi projetada apenas para duas coisas: identificar problemas e formular objetivos.

Qualquer um, dominando a própria mente de modo adequado, poderia usá-la para definir um problema ou estabelecer uma intenção, e então rapidamente voltar atrás. É isso. É para isso que o córtex cerebral é bom. Plantar sementes. Mas em vez disso, a mente consciente decide se envolver, pesar os prós e contras, chegar a uma decisão racional, que se danem os sentimentos mais viscerais.

E² – Energia ao quadrado

Assim que a mente consciente define um problema ou estabelece uma intenção, começa a falar sem parar, e fala, e fala, e fala sobre como o problema é grande e por que não pode ser resolvido logo e como essa intenção parece bem legal, mas... *Caramba, eu estive lá, fiz isso e posso dizer, com certeza, que não deu certo.* Basta isso para dizer que esse médico agitado dentro do seu cérebro não é a sua melhor saída. Ele julga, distorce a realidade e causa um estresse emocional desnecessário.

Vamos dizer que uma mulher usa a mente consciente para criar a intenção de melhorar a relação com o marido. Perfeito! Bom trabalho! Só que em vez de sair de cena e deixar a intenção florescer, em vez de temporariamente ir para a prateleira e deixar que a mulher sintonize numa fonte que pode lhe oferecer realmente alguma ajuda, a mente consciente começa a tirar conclusões racionais, a considerar todas as opções. E, daqui a pouco, vai começar a gritar: "Não me apresse!".

Nesse momento, uma cacofonia de vozes começa a soar completamente desafinada dentro da cabeça dela, como uma banda de colégio:

A relação com o meu marido é uma farsa.
O meu marido é preguiçoso e folgado.
Nunca vou ter o que quero.

Em outras palavras, a mente consciente começa a interpretar. O problema é que, como ela não pode ver além do próprio nariz ou além das decisões pré-ordenadas que tomou, antes de você ter idade suficiente para saber alguma coisa da vida, os resultados podem ser cruéis, caprichosos, uma bagunça total.

A melhor solução nesse caso é usar os cortadores de unha para o que eles foram feitos e depois colocá-los de volta no armário do banheiro, pegando um instrumento que é muito melhor para se cortar a grama — a orientação interna.

Quando você pegar o jeito, vai achá-la extremamente confiável. E mais: as respostas são muito mais pacíficas, instintivas e sensíveis aos fatores imprevisíveis que a mente consciente não pode começar a entender.

A orientação interior pode vir dentro de várias embalagens

Não tenho nenhuma ideia de qual é a fonte da minha voz interior. Eu certamente não acredito que seja a voz de Jesus Cristo, ou de um ancestral já morto, ou uma forma de vida superior me enviando pacotes de dados psíquicos de uma espaçonave, ainda que essa última opção seja especialmente engraçada.

— Dr. Patrick Miller, fundador da editora Fearless Books

Algumas vezes a orientação interior vem de uma forma completamente espontânea. Como na noite em que eu estava aflita com a febre de quarenta graus da minha filha recém-nascida. Andava para um lado e para o outro com ela nos meus braços, toda agitada de preocupação e sem saber como fazer para baixar a febre. Era por volta das três da manhã, e mesmo que os meus amigos dissessem que eu podia ligar sempre, a qualquer hora do dia ou da noite, não consegui fazê-lo. Em vez disso, andava para um lado e para o outro no pequeno apartamento. De repente, uma voz muito clara surgiu na minha cabeça. Ela disse: "Não lhe dei esse imenso presente para tirá-lo de você agora". E eu soube naquele momento que tudo ia ficar bem.

E² – Energia ao quadrado

Algumas vezes a orientação interior oferece uma mensagem tão difícil de interpretar como as daqueles brinquedos de adivinhar a sorte. A minha amiga Darlene teve o que, na época, parecia uma visão particularmente estúpida. Ela se sentiu inspirada a se candidatar para o cargo de diretora musical na igreja que frequentava. Parecia uma coisa boa, exceto por um pequeno detalhe: ela não tinha nenhuma especialização musical e só sabia tocar um pouco de sax — e mal. Claro, ela adorava cantar, mas adorar cantar e criar harmonia num grupo de músicos que tocam vários instrumentos eram duas coisas completamente diferentes. A mente consciente dela começou a criar objeções: "Darlene, você é completamente doida. Por que Deus — ou qualquer outra pessoa — ia querer que você se tornasse diretora musical?".

Então ela concordou em se dar uma última chance — uma chance bem pequena e nada mais —, depois da qual, assegurou a si mesma, ela colocaria aquela visão onde devia estar: no lixo.

Ela então negociou com a orientação interior: "Se você quer mesmo que eu seja diretora musical, me deixe passar pelo ministro, pela diretora do conselho ou pelo pianista da igreja até o fim do dia". Como era segunda-feira e a igreja estava fechada e vazia depois do fim de semana, ela imaginou que ficaria a salvo. Afinal, ela trabalhava o dia inteiro e as chances de cruzar com uma daquelas três pessoas eram praticamente nulas.

Quando voltava para casa depois do trabalho, parou no supermercado. Já estava indo para o caixa, quando ouviu uma voz:

— Ei, Darlene, o que você está fazendo aqui?

Não era uma voz etérea vinda lá como a voz tranquilizadora que eu tinha ouvido às três da manhã. Era a voz de Mary Jenkins, presidente do conselho, que estava na fila, na frente dela.

A questão aqui é que a orientação pode aparecer em várias embalagens. Por vários anos, um pouco antes de dormir,

Napoleon Hill, autor do livro *Pense e enriqueça*, evocava uma reunião de conselho imaginária da qual participavam Ralph Waldo Emerson, Thomas Paine, Thomas Edison, Charles Darwin, Abraham Lincoln, Luther Burbank, Henry Ford, Napoleão e Andrew Carnegie. Como presidente desse gabinete imaginário, Hill podia fazer perguntas e receber conselhos.

Depois de alguns meses desse evento noturno, Hill ficou impressionado, porque os participantes do gabinete desenvolveram características individuais. Lincoln, por exemplo, começou a chegar atrasado e depois ficava andando em círculos como se estivesse desfilando solenemente. Burbank e Paine quase sempre se engajavam numa séria discussão à parte.

"Essas experiências começaram a ficar tão realistas que comecei a ter medo das consequências e parei de fazê-la", admitiu Hill em *Pense e enriqueça*.

Como a maioria das pessoas que recebem uma orientação interior incomum, Hill relutou em acreditar nas suas reuniões de conselho noturnas.

Mas ele diz: "Apesar dos membros do meu gabinete serem completamente ficcionais [...], eles me conduziram por caminhos de aventura gloriosos, iluminando novamente a apreciação da verdadeira grandeza, encorajando empreitadas criativas e dando apoio à expressão do pensamento mais honesto".

A orientação interior pode vir em várias embalagens, se você estiver aberto o bastante para escutá-la. Alguns de nós precisam de uma grande pancada na cabeça. Outros, como Gary Renard, autor de *O desaparecimento do Universo*, com a mente extremamente aberta, recebem orientação direta de alguns mestres emergentes que surgem na frente deles numa noite qualquer.

Michael Beckwith, antes de se tornar um ministro do Novo Pensamento no Ágape, um centro de busca espiritual perto de Los Angeles, teve uma visão de um manuscrito que se desenrolava e no qual se podia ler: "Michael Beckwith para falar na Igreja da Ciência da Religião em Tacoma". Quando o pastor dessa igreja ligou dizendo que queria que ele fosse fazer uma palestra lá, Michael simplesmente disse: "Eu sei".

Nós colocamos a nossa orientação interior na lista de para quem não devemos ligar em caso de emergência

Uma das principais funções das religiões formais é proteger as pessoas de uma experiência direta de Deus.

— Carl Jung, psicólogo e psiquiatra suíço, fundador da escola de psicologia analítica

Infelizmente, a maioria de nós restringe a orientação que deixamos entrar. Decidimos que letreiros luminosos, mensagem e cartas de Deus são interessantes, mas o resto é, bem, ligeiramente assustador.

Francamente, nós ficaríamos apavorados se um manuscrito se desenrolasse na nossa frente ou se um mestre emergente aparecesse na frente da TV durante um episódio da nossa série favorita. Os nossos caminhos neuronais vão dizer: "Não, não, isso não é comigo, não estou preparado para isso". Se um anjo aparecer nos pés da nossa cama, vamos provavelmente chamar a polícia.

Deve ser muito difícil para a nossa orientação interior. Como você se sentiria se alguém lhe fizesse uma pergunta e então virasse as costas, ignorando a sua resposta? Somos que nem uma criança de cinco anos que tapa os ouvidos e fica cantarolando "lá-lá-lá-lá-lá" bem alto para não escutar.

Você não atende o telefone quando ele toca e logo começa a falar bem alto. Você diz alô e escuta o que a pessoa do outro lado da linha vai falar. Nós acusamos a força maior de não nos dar uma orientação clara, mas somos aqueles que estão com a droga do telefone fora do gancho.

Ao se sentar pela primeira vez com uma caneta na mão e algumas questões muito importantes no coração, Neale Donald Walsch ficou atordoado quando uma voz que supôs que fosse de Deus lhe respondeu: "Você quer realmente saber a resposta? Ou está simplesmente perguntando por perguntar?". Walsch, que de uma forma meio relutante tinha concordado em participar daquilo, disse: "Bem, ambos. Mas se você tem as respostas, eu adoraria ouvir".

De onde é que tiramos a ideia idiota de que a orientação interior está restrita a uns poucos sortudos? Muito disso tem a ver com aquelas bobagens em que acreditamos sobre Deus. Ele é muito misterioso e só atende chamados aos domingos. A parte que deixamos de fora é que a nossa orientação interior é digna de confiança e está constantemente disponível. A qualquer momento que você quiser escutá-la, ela está lá, igualzinho ao seu canal de televisão favorito, basta apenas sintonizar.

E você é livre para fazer qualquer pergunta e exigir respostas claras. Agora.

E² – Energia ao quadrado

Histórias de experiências pessoais

Não importa quantos indícios receba, com o tempo você tende a bloquear as experiências incomuns.

— Martha Beck, colunista da revista O

Michael Beckwith, o cara de que falei antes que teve a visão do manuscrito, estava olhando para um cata-vento um dia. Isso foi antes de se tornar ministro, quando ele ainda não estava completamente convencido de que a decisão, de seguir o chamado de Deus era a coisa certa a fazer. Ele disse para o vazio: "Deus, você está me escutando? Se é isso mesmo que você quer que eu faça, aponte este cata-vento na minha direção".

Era um dia de muito vento, e o cata-vento estava girando muito rápido na outra direção. Mesmo assim, não muito tempo depois, ele disse que o cata-vento parou de rodar e apontou na direção dele.

É claro que Michael já tivera uma ou duas experiências arrebatadoras. Quando estava na faculdade (ele queria ser médico), vendeu drogas — apenas para os amigos, claro. E como ele tinha muitos amigos, era um cara aberto e receptivo, vamos dizer que o negócio dele, em pouco tempo, se tornou muito bem-sucedido. O tráfico de maconha que fazia cresceu e se espalhou em muitas cidades, nos quatro cantos do país. Ele ficou animado e disse a si mesmo que, se fizesse tudo certo, poderia parar aos 24 anos.

Mas ele sabia que alguma coisa estava fora do lugar. A orientação interior dele continuava provocando-o, dando-lhe sonhos bizarros, sugerindo com muita força que deveria haver um caminho melhor. Ele decidiu por conta própria desistir das drogas e

144

seguir "aquele caminho melhor". Disse aos amigos que ia fechar o negócio: estava se aposentando. Na última venda que fez (a que acabaria com os estoques), foi preso por agentes federais. Ele estava em posse de cinquenta quilos de maconha, muito dinheiro vivo, armas e câmeras.

Ainda assim, a voz dentro dele dizia: "Tudo vai ficar bem".

Enquanto se preparava para o julgamento, os amigos pensavam que ele estava ficando maluco.

— Você não está nervoso? Se eu fosse você, ficaria andando para cá e para lá, pensando em como me livrar dessa enrascada — disseram a ele.

— Mas eu sou culpado — respondeu. — E Deus me garantiu que tudo vai dar certo.

Nessa época, ele teve uma visão esplêndida. Ele foi a julgamento (o advogado dele era Robert Shapiro, o mesmo que tinha defendido O. J. Simpson, no começo da carreira) tranquilo e acreditando que, não importava o que acontecesse, era amado e cuidado por aquela presença real. Com toda a certeza, o advogado dele se aproveitou de algum detalhe técnico e, quando o juiz absolveu Michael com o comentário de que não queria vê-lo ali de novo, o rapaz sabia que isso nunca aconteceria.

Às vezes, o Campo de Infinitas Possibilidades consegue até mesmo se mostrar a pessoas que o ridicularizam. Em 1975, Gerald Jampolsky, um psiquiatra bem-sucedido "por fora", estava desabando por dentro. Seu casamento de vinte anos chegara ao fim. Ele bebia muito e tinha dores terríveis nas costas. É claro que nunca havia lhe passado pela cabeça buscar uma orientação maior.

Como ele mesmo diz: "Eu era a última das pessoas a querer acreditar em alguma coisa que usasse as palavras *Deus* e *amor*".

Mas, no entanto, quando ele conheceu "Um curso em milagres", um programa que já mencionei aqui algumas vezes, que ensina transformação pessoal ao se fazer uma opção pelo amor e não pelo medo, ele ouviu uma voz bem clara dizer: "Cura-te a ti mesmo. Esse é o seu caminho de volta para casa".

E é claro que foi realmente assim. Jampolsky escreveu muitos livros depois. Ele faz palestras sobre "Um curso em milagres", e até abriu um centro de crescimento espiritual para pessoas com doenças graves.

A orientação imediata e direta está disponível 24 horas por dia, sete dias por semana. Mas, em vez de prestarmos atenção, ensinamos a nós mesmos a não ouvir. É como um garoto que fica sonhando em convidar aquela menina linda da aula de Biologia para sair, mas nunca nem ao menos pensa em pegar o telefone e ligar para ela. É como aquele aquecedor de ambiente de que falei no prefácio deste livro.

Mais histórias de experiências pessoais

Se Deus me desse um sinal bem claro. Como depositar uma grande quantia de dinheiro numa conta em meu nome na Suíça.

— Woody Allen, diretor de cinema

Quando tinha 25 anos, a atriz Jamie Lee Curtis estava saindo com a amiga Debra Hill do apartamento recém-comprado em Los Angeles. Debra, que tinha produzido *Halloween*, o filme que lançou a carreira de Jamie, estava com o último número da revista *Rolling Stone*. Jamie folheava a revista, conversando com a amiga sobre o fim de um relacionamento, quando de repente viu uma fotografia de três homens juntos.

Jamie apontou para o homem da direita, que estava usando uma camisa xadrez e tinha um sorriso lindo:

— Vou me casar com este homem.

Ela nunca o tinha visto antes e não tinha ideia de quem ele era, mas alguma coisa dentro dela lhe dizia que ele era o cara certo.

— O nome dele é Christopher Guest — disse Debra. — Ele fez um filme chamado *Isto é Spinal Tap*. Conheço o agente dele.

Jamie, impressionada com o aperto que sentia na boca do estômago, ligou para o agente no dia seguinte, deu a ele o número de telefone dela e pediu que Chris ligasse, se ele estivesse interessado.

Ele nunca ligou.

Meses depois, quando estava num restaurante muito badalado em Hollywood, Jamie olhou para o lado e deu de cara com o rapaz da revista, umas três mesas à frente, olhando para ela também. Ele acenou como se dissesse: "Eu sou aquele cara para quem você ligou". Ela acenou de volta.

"Huuummm", pensou ela. "Interessante." Mas minutos depois ele se levantou e foi embora. Ele encolheu os ombros, acenou de novo e saiu. Jamie olhou para o próprio prato, xingando a si mesma por acreditar naquela coisa estúpida de orientação interior.

Mas, no dia seguinte, o telefonou tocou. Era Chris Guest e ele queria marcar um encontro. Quatro dias depois, os dois foram jantar juntos num restaurante italiano. Quando Chris foi a Nova York gravar um programa de televisão um mês depois, já estavam completamente apaixonados.

E, quando ligou para ela, Chris disse:

— Hoje fui dar uma volta pela Quinta Avenida.

— É mesmo? — disse Jamie. — O que você foi fazer?

— Bem... comprar um anel de noivado — respondeu ele.

Eles se casaram em 18 de dezembro de 1984, oito meses depois de Jamie Lee Curtis receber aquela orientação inicial.

O método

Abrir o mar Vermelho e transformar água em sangue, ver uma sarça em chamas... Nada parecido vai acontecer agora. Nem mesmo em Nova York.

— Michael Crichton, autor de O *parque dos dinossauros*

Nesta experiência, vamos provar que a orientação recebida por Jamie Lee Curtis e outras pessoas não é algo esquisito, uma coisa sobrenatural do tipo *Além da imaginação*, mas uma ferramenta muito real e constante que todos nós podemos usar a qualquer hora.

Você vai passar 48 horas esperando uma resposta específica e concreta para uma pergunta específica e concreta. Pode ser uma coisa simples como se deve ou não adotar um gato siamês, ou mais complicada, como se deve aceitar ou não uma oferta de emprego. Seja qual for a pergunta, dê à sua orientação interior 48 horas para se manifestar. Mas atenção. Fiz essa experiência uma vez e fui demitida. No entanto, olhando para trás agora, vejo que essa foi a resposta perfeita, talvez a única que eu realmente ouviria para a pergunta que fiz: "Chegou a hora de me dedicar à minha carreira de escritora *freelancer*?".

Escolha uma questão que está te perturbando, algo que tenha uma resposta clara, sim ou não, algo sobre o qual você está realmente confuso e não sabe o que fazer. Sei que está pensando em alguma coisa neste exato momento, não importa o quê. Isso serve. Olhe para o relógio.

Faça uma pergunta clara, direta e peça que a resposta chegue nas próximas 48 horas. Pode chegar até imediatamente ou então levar apenas um dia. Mas, em 48 horas, você irá recebê-la, com toda a certeza.

O seu trabalho é estabelecer a intenção e o período de tempo. O Campo de Potencialidades fará o resto.

Stan (você se lembra do ex-surfista bonitão de que falei no prefácio?) tinha perdido o emprego. Para tornar as coisas ainda piores, a mulher com quem namorava havia três anos decidiu que era hora de eles darem um passo adiante. Não é preciso dizer que ele tinha algumas decisões bem sérias para tomar. Em primeiro lugar, Stan resolveu, precisava achar uma maneira de ganhar dinheiro. Mas não tinha ideia do que queria fazer. Lembrei-lhe de que havia um plano divino para a vida dele, que seria revelado se ele simplesmente estabelecesse a intenção e um prazo específico.

Stan disse alguma coisa assim: "Ei, cara, se é verdade que você tem um plano para a minha vida, eu gostaria de poder começar a seguir esse projeto. Não tenho muito tempo, então até sexta de manhã quero saber o que você tem em mente para mim".

Na quinta à tarde, Stan estava sentado numa piscina de águas termais ao lado de um sujeito que ele nunca tinha visto. O homem comentou que ia abrir um centro de aprimoramento pessoal e que estava procurando alguém para dirigir o negócio. Stan imediatamente sentiu uma vibração e, como era de se esperar, menos de trinta minutos depois, o homem lhe ofereceu o emprego, mesmo que Stan não tivesse a menor experiência nessa área.

Ponto para o Campo de Potencialidades!

Relatório da experiência

Princípio: O princípio da coluna de aconselhamento

Teoria: A sua conexão com o campo de energia lhe fornece orientação precisa e ilimitada.

Pergunta: É realmente possível receber orientação constante e imediata?

Hipótese: Se eu pedir orientação, vou receber uma resposta clara, como sim ou não, para a seguinte pergunta:

_____

_____

_____

Tempo necessário: 48 horas.

Data e hora do início da experiência:

_____

Prazo final para receber a resposta:

_____

Abordagem: Tá bom, aí vai: "Vamos lá, orientação interior, preciso saber a resposta para essa pergunta. Você tem 48 horas. Seja rápida".

Observações:

_____

_____

_____

O homem, rodeado por fatos, que não se permite nenhuma surpresa, nenhum lampejo da intuição, nenhuma grande hipótese, nenhum risco, está trancado numa cela. A ignorância fecha a mente em segurança.

— Albert Einstein, físico alemão

Experiência Nº 6

O princípio do super-herói:

OS SEUS PENSAMENTOS E A SUA CONSCIÊNCIA CAUSAM IMPACTO NA MATÉRIA

O curso do mundo não está predeterminado pelas leis da Física [...]. A mente tem o poder de produzir efeito sobre um grupo de átomos e até mesmo modificar os padrões do comportamento atômico.

— Sir Arthur Stanley Eddington,
matemático e astrofísico inglês

A premissa

O cientista japonês dr. Masaru Emoto passou quinze anos pesquisando os efeitos da fala, dos pensamentos e das emoções humanas sobre a matéria. O dr. Emoto escolheu um dos elementos tradicionais da matéria, a água, para ver como ele reagia a palavras, música, orações e bênçãos. Usando mais de 10 mil amostras de água de diferentes lugares, Emoto e os assistentes dele falaram, tocaram músicas e pediram a monges para recitar orações sobre a água. As amostras foram congeladas e os cristais de gelo resultantes, examinados num microscópio.

Para o caso de você estar pensando o que a água tem a ver com essa história toda, pense nisso: a água está presente em tudo, mesmo no ar, e como o corpo humano e, sem dúvida, a Terra consistem de setenta por cento de água, é possível pensar que palavras e pensamentos também podem afetar, numa escala maior, estruturas de água mais complexas.

O que Emoto descobriu foi que, quando os cientistas tratavam a água com carinho e gentileza, dizendo coisas como "Eu te amo" e "Obrigado", os cristais resultantes se tornavam mais claros e se reuniam em formas mais bonitas e harmônicas. Mas quando a equipe de Emoto falava de forma negativa com a água, gritando coisas desagradáveis como "Eu odeio você" ou "Idiota", os cristais se agrupavam, formando buracos escuros. E quando eles tocavam "Heartbreak Hotel", de Elvis Presley, os cristais se dividiam em duas partes.

Numa das fotos, ele mostrou como uma amostra da represa do lago Fujiwara, que era no início uma massa escura e disforme, se transformou completamente depois que um monge rezou sobre ela por apenas uma hora. Aqueles cristais horrorosos se tornaram claros, de um branco brilhante, em formato hexagonal, sem buracos. Ele também descobriu que a oração podia criar novos tipos de cristal que nunca tinham sido vistos antes.

Nós, no Ocidente, não aprendemos sobre a energia e o poder do nosso corpo e da nossa mente. Em vez de sermos treinados a sintonizar nossa inteligência inata, nos dizem: "Quando alguma coisa estiver errada, consulte um médico". Os professores de Educação Física nos dizem se somos bons e se podemos fazer parte da equipe de basquete. Os de Artes Plásticas, se a pintura que fizemos tem alguma qualidade. Somos ensinados a nos desconectarmos do nosso poder em nome de forças que estão fora de nós.

O poder da percepção

A minha mente é uma área perigosa da cidade. Não vou até lá sozinha.

— Anne Lamott, escritora americana

Quando nasci, em 17 de fevereiro de 1956, o meu pai deu uma olhada em mim, deitadinha naquele bercinho cor-de-rosa, e disse à minha mãe que eu era o bebê mais feio que ele já tinha visto na vida. Não preciso dizer que a minha mãe ficou arrasada.

E para mim, um ser humano de apenas algumas horas de idade, ficou decidido que a beleza — ou a falta dela — estava destinada a permear cada momento da minha vida.

A acusação do meu pai, capaz de alterar toda uma vida, foi esfregada bem no meu nariz e ficou grudada no meu rosto como um animal atropelado na estrada. Depois de a minha mãe ficar em trabalho de parto por dezoito horas, o obstetra decidiu fazer uma intervenção usando os fórceps. Na batalha entre mim e os fórceps, o meu nariz ficou achatado.

Gradualmente ele foi voltando ao normal, mas o meu ego frágil ficou desfigurado. Eu queria desesperadamente ser bonita. Queria provar para o meu pai que eu era aceitável e aliviar a minha mãe do constrangimento que a tinha feito passar.

Eu devorava as revistas de beleza, estudando os modelos como um biólogo estuda células. Fazia cachos no meu cabelo usando garrafinhas de suco de laranja e pedia máscaras faciais de plantas e extratores de cravos de uma revista para adolescentes. Economizei durante muito tempo para comprar um conjunto de bobes elétricos. Dormia de luvas para evitar que a vaselina que passava para amaciar as mãos sujasse os lençóis. Coleciona-va fotos com penteados "interessantes", colando-as nas últimas páginas do meu próprio "caderno de beleza".

Esse caderno de beleza pessoal, além de mais de cinquenta fotos de penteados diferentes, tinha uma lista completa dos meus objetivos: reduzir a minha cintura, aumentar o tamanho dos meus seios, deixar o cabelo crescer e por aí vai. Até incluí um plano para atingir cada um desses objetivos: para reduzir a cintura, eu ia fazer cinquenta abdominais todos os dias, diminuir o meu consumo de panquecas pela manhã e abdicar completa-mente dos biscoitos recheados.

Apesar das minhas tentativas bem-intencionadas, continuei não sendo bonita. Não importava o que eu fizesse, parecia que nunca conseguiria melhorar a minha aparência. E como poderia? A minha existência inteira estava centrada na declaração do meu pai sobre eu ser um bebê muito feio. Essa foi a primeira sentença da minha vida, a proclamação em torno da qual a construí. Para ir contra ela, eu teria que desacreditar tudo que eu conhecia: o meu pai, a minha mãe e a mim mesma.

As coisas foram de mal a pior. Com uns dez anos, a minha visão ficou ruim e fui obrigada a usar uns óculos pretos e grossos. E aos treze, quando finalmente convenci o meu pai a me dar lentes de contato, o meu rosto se cobriu de espinhas. Todo o dinheiro que eu ganhava como babá ia para pomadas antiacne, loções adstringentes e maquiagem corretiva. Num verão, depois que ouvi dizer que a acne era causada por chocolate e refrigerante, abdiquei também da Coca-Cola e dos chocolates.

E como se isso já não fosse ruim o bastante, a minha irmã, que teve a sorte de escapar dos fórceps e da acusação de feiura, reparou que os meus dentes da frente estavam encavalando. E de novo, fiz uma campanha familiar para angariar fundos para colocar um aparelho.

A coisa triste em todo esse trabalho e esforço é que ele era inútil. Eu não tinha a menor ideia de que, até que mudasse os meus pensamentos mais profundos sobre mim mesma, permaneceria feia. Eu podia me exercitar, usar maquiagem e fazer cachos nos cabelos até a eternidade, mas pior que a acusação do meu pai era o pensamento virótico que tomava conta de mim e que sempre me dizia que eu estava destinada a ser "o bebê mais feio que ele já tinha visto". Ah, claro, fiz progressos temporários. Consegui diminuir a acne no meu rosto, deixei o meu cabelo crescer e endireitei os dentes, mas sempre havia alguma coisa para reafirmar a velha feiura já conhecida.

Meu corpo não tinha outra escolha a não ser seguir o padrão que meus pensamentos já haviam estabelecido.

Nessa época, descobri os livros de autoajuda. Um encontro inevitável. Qualquer caloura de universidade que se ache ligeiramente parecida com o Frankenstein precisa de todo empurrão de autoestima que puder encontrar.

Comecei com um livro sobre como controlar os pensamentos negativos. Depois outro sobre como iniciar a conversar com alguém que você não conhece. Aprendi a fazer amigos e a influenciar pessoas, a usar o pensamento positivo e a pensar e enriquecer. Todos esses livros mudaram a maneira como eu me sentia em relação a mim mesma, e passei a encontrar algumas coisas de que eu gostava.

Mesmo coisas sobre a minha aparência. Eu era alta e magra, por exemplo, e podia comer mais ou menos tudo o que eu queria sem engordar. E o meu cabelo farto era um patrimônio. E a mãe de uma amiga minha disse que eu tinha sobrancelhas perfeitas. Em vez de prestar atenção nas coisas de que eu não gostava, comecei a me concentrar nas coisas de que eu gostava. Como mágica, a minha aparência começou a melhorar. Abdiquei dos pensamentos limitadores, e comecei a ver a minha própria beleza. Quanto menos eu castigava aquela pobre monstrinha no espelho, mais ela se transformava. Quanto menos eu tentava mudar a mim mesma, mais eu mudava.

Milagrosamente a minha visão voltou ao normal. Pude finalmente jogar fora os óculos fundo de garrafa e as lentes de contato. O meu rosto não tinha mais espinhas, e depois de anos usando aparelho os meus dentes ficaram certinhos, parecidos com os do restante da família. Na verdade, a única vez em que me senti grotescamente feia foi quando fui visitar o meu pai e a segunda mulher dele.

Embora não tenha percebido na época, eu mudava a minha aparência durante aquelas visitas para agradar o meu pai — ou pelo menos eu achava que o agradaria. Hoje sei que ele tinha feito apenas um comentário espontâneo, sem muito peso. Ele não queria me causar mal.

Mas por eu não saber disso naquela época, levei esse comentário sobre a minha feiura ao pé da letra e agia de acordo com ele em todos os aspectos.

Mesmo a minha visão ruim, que alguém podia pensar que fosse uma tendência genética, era unicamente criação minha. Ninguém mais na minha família (éramos cinco) usava óculos. Todo mundo tinha uma visão perfeita. Da mesma forma, ninguém nunca teve que usar aparelho. Todos tinham dentes perfeitos.

Histórias de experiências pessoais

Daqui para frente, não vou me queixar mais, não vou adiar mais, não vou mais precisar de nada. Neste momento, eu ordeno a mim mesmo a abrir mão de todos os limiares e as barreiras imaginárias.

— Walt Whitman, poeta norte-americano

A doença é opcional. Eu provavelmente devo ser considerada uma louca de falar sobre isso neste livro. Mas você deve ter percebido que escondi bem esse assunto, no meio de um capítulo já perto do fim.

Não é que você já não tenha ouvido sobre isso antes — que certos tipos de câncer são causados pela raiva reprimida e que o estresse pode fazer os cabelos embranquecerem da noite para o dia. Mas o que eu vou dizer agora é que estamos sendo levados por um sistema de saúde vaidoso e ganancioso, que nos convenceu de que as doenças são inevitáveis. Não estou atacando médicos, enfermeiros e outros profissionais, 99,9 por cento dos quais são cuidadosos, comprometidos e bem-intencionados. Eles também estão com vendas nos olhos como nós.

O que estou sugerindo é que a nossa maneira errada de pensar resultou numa falha geral do sistema. Em vez de ver a doença como um problema, algo a ser corrigido, nós a aceitamos como parte da vida. Todos concordamos com as regras estabelecidas que dizem que não podemos escapar das doenças, que elas são naturais. A maioria de nós não pode sequer imaginar uma saúde perfeita.

Há muito tempo os nossos cérebros estabeleceram esse falso padrão de percepção. Uma vez que pensamos que não podemos fazer uma determinada tarefa (como desobstruir um artéria, por exemplo), informamos ao cérebro que ele não pode fazer isso, e ele por sua vez informa aos órgãos e aos músculos. O vírus da nossa consciência limitou a habilidade de usarmos a sabedoria dos nossos corpos.

Mas a nossa crença na inevitabilidade da deterioração do corpo parece real porque acreditamos que ela é real por muito tempo. O dr. Alexis Carrel, um médico francês, vencedor do prêmio Nobel, demonstrou que as células podem ser mantidas vivas indefinidamente. A pesquisa dele provou que "não há razão para que as células precisem se degenerar. Jamais".

"A educação que recebemos é que não temos poder algum, que não sabemos nada", explica Meir Schneider, um homem

E² – Energia ao quadrado

que curou a si mesmo da cegueira. "Mas isso não é verdade. Dentro de cada um de nós está tudo o que precisamos saber."

Quando nasceu, na Ucrânia, em 1954, Schneider era estrábico e tinha glaucoma, astigmatismo, nistagmo e várias outras doenças dos olhos difíceis de pronunciar. Tinha cataratas tão graves que teve que fazer cinco grandes cirurgias antes de completar sete anos. A última delas rompeu o cristalino dos olhos dele e aos oitos anos ele foi declarado completamente cego pelos médicos. Era demais para a medicina moderna.

Quando Schneider tinha dezessete anos, ele conheceu um garoto chamado Isaac, que tinha uma opinião diferente da dos médicos e dos cirurgiões. Isaac, que era um ano mais novo que Schneider, teve a coragem de dizer a ele: "Se você quiser, pode treinar a sua visão".

Ninguém que conhecia tinha esse tipo de fé. Tudo o que Schneider ouvira até então era "coitadinho".

A família de Schneider, como toda a família boa e solidária, buscou fazer com que ele não criasse muitas expectativas. "Claro, tente esses exercícios", disseram eles, "mas não se esqueça: você é um garoto cego." Num ano, como Isaac previu, Meir começou a enxergar. Não muito no começo, mas o suficiente para acreditar que talvez aquele garoto de dezesseis anos soubesse mesmo mais do que os médicos que o classificaram como cego e inoperável.

Com o tempo, Schneider recuperou a visão e era capaz de ler, andar, correr e até mesmo dirigir. Hoje ele orgulhosamente possui uma carteira de motorista e trabalha num centro de autocura.

"As pessoas cegas ficam ainda mais cegas porque não esperam mais ver. Elas são aprisionadas numa categoria", diz ele.

Além disso, ele não podia entender por que uma ideia encorajadora como aquela soava tão estranha para a maioria das pessoas.

Quando Barbra Streisand era menina e morava no Brooklyn, ela se apaixonou por filmes. Queria se tornar uma atriz de cinema glamorosa. Infelizmente a mãe dela era viúva e muito pobre, e Barbra não era exatamente uma Grace Kelly. Qualquer orientador educacional teria aconselhado que ela seguisse um objetivo diferente. "Afinal, querida, você tem um nariz desproporcional e... bem, como é que posso dizer isso de uma forma educada?, você querer ser uma atriz é como um macaco querer entrar na escola de medicina."

Mas a intenção de Barbra era tão forte que acredito que ela tenha manipulado as circunstâncias a seu favor da única forma que podia — manifestando uma voz maravilhosa, que a levou ao estrelato primeiro na Broadway e depois nos filmes.

Revire os olhos e me chame de louca, mas o fato é que ninguém mais na família de Barbra sabia cantar. Ninguém tinha nenhum talento musical.

A matéria não controla você. Você controla a matéria

Nós preferimos nos arruinar a mudar. Nós preferimos morrer com os nossos medos a aproveitar o momento e deixar as nossas ilusões morrerem.

— W. H. Auden, poeta anglo-americano

Quando Terry McBride tinha 22 anos, rompeu um disco da coluna vertebral trabalhando numa construção. Depois de um ano indo a quiropráticos, osteopatas e usando relaxantes musculares, ele decidiu aceitar a sugestão de um cirurgião ortopédico de fazer uma fusão espinhal.

— Eles me disseram que eu ficaria no hospital por algumas semanas, em casa por mais algumas semanas, que usaria um colete por seis meses, mas que depois disso tudo ficaria novo em folha — explicou McBride numa palestra a que assisti.

Dois dias depois de ir para casa, McBride teve uma febre altíssima e foi levado de volta ao hospital às pressas, e lá os médicos constataram que, de alguma maneira, ele havia contraído a bactéria *E. coli* durante a cirurgia. Durante o ano seguinte, McBride passou por oito procedimentos cirúrgicos para tentar debelar a infecção que se espalhava pela coluna. Na quinta cirurgia, teve que ser transferido para o hospital da Universidade de Washington, onde era uma verdadeira celebridade.

— Eu tinha o pior caso de osteomielite que eles já tinham visto.

Numa noite, antes de mais uma cirurgia, a equipe médica do hospital entrou no quarto dele com uma expressão sombria. Eles tinham feito exames de imagem mais precisos que mostravam que a infecção não estava mais apenas na coluna, mas tinha se espalhado pelo abdômen, pela pélvis e pelas pernas. Para tentar detê-la eles teriam que fazer uma cirurgia muito invasiva. Dessa forma, a infecção seria debelada, mas ele perderia os movimentos da perna direita.

— Naquela época eu já estava estudando com um dos grandes metafísicos de todos os tempos, John Wayne, e quando, num dos filmes, alguém disse ao personagem dele que tinham que lhe cortar a perna, ele respondeu: "Vá em frente" — observou McBride.

Mas aí os médicos disseram que se a infecção fosse ainda pior do que eles pensavam, poderia ser que ele perdesse também os movimentos da perna esquerda e o controle dos intestinos e da bexiga, e também havia uma boa chance de ele ficar sexualmente impotente.

— Para ser bem sincero — disse McBride —, foi aí que eles erraram. Eu não sei quanto a vocês, mas cheguei a este planeta como um garotinho feliz que gostava de mim mesmo. Mas não levou muito tempo para que eu aprendesse que as pessoas que tinham alguma espécie de autoridade sabiam mais de mim do que eu mesmo. Aprendi que tinha que prestar atenção e que os professores me diriam se eu era um bom aluno ou não. E que eram os professores de Educação Física que decidiriam se eu tinha habilidades atléticas ou não. Aprendi muito cedo a olhar para fora de mim mesmo para saber quem eu era.

— Eu estava disposto a lhes dar uma perna — continuou McBride. — Mas quando aqueles médicos começaram a insistir que não havia jeito de eu sair inteiro daquela cirurgia, decidi, bem naquele momento e lugar, que ninguém ia me dizer quem eu era. Decidi naquela noite que nunca mais ia deixar ninguém com o nome num crachá determinar o meu destino.

Foi aquela noite que mudou a vida de McBride para sempre. Ele, que tinha estudado os princípios espirituais, anunciou a todos naquele quarto (a equipe de cinco médicos, a mulher e a filhinha de dois anos) que havia uma força no universo e que ele a usaria para ficar livre, saudável e perfeito.

Na primeira vez em que ele disse essas coisas, todo mundo falou: "Isso mesmo. Agarre-se aos seus sonhos". Mas depois de dez cirurgias, as pessoas começaram a pedir que ele "encarasse a realidade", que parasse de focar a atenção nas prioridades, pequenas e egoístas dele.

— Estávamos falando de prioridades pequenas e egoístas como querer ter um corpo saudável e uma coluna forte o suficiente para que eu pudesse carregar a minha filha no colo; prioridades pequenas e egoístas como ir ao banheiro sem uma bolsa coletora — disse ele. — Algumas pessoas começaram a sugerir que talvez uma saúde perfeita não fosse o plano de Deus para mim.

— Mesmo sendo um homem temente a Deus, eu não podia aceitar a ideia de que merecia dezoito cirurgias. Talvez eu tivesse pecado o bastante para umas cinco ou seis, mas não para dezoito — explicou McBride.

Pediram que ele conversasse com o psiquiatra do hospital, que lhe disse:

— É hora de você tirar esses óculos coloridos. Você acha que para ser um homem é preciso que você fique de pé, para lutar na guerra como o seu pai fez, mas é hora de você trabalhar junto comigo para aprender a aceitar que você vai passar o resto da sua vida numa cadeira de rodas.

E mostrou a ele o parecer da equipe médica sobre o caso: "A doença de Terry McBride é incurável. Ele vai ter deficiências permanentes e terá que fazer cirurgias constantes pelo resto da vida".

— Mas eu não sou esse relatório — insistia McBride. — Eu não sou o meu passado. Há um poder em mim. Vivo num universo espiritual e as leis espirituais podem me libertar.

— Você não acha que se o seu corpo tivesse que ser curado isso já teria acontecido? — perguntou o psiquiatra.

Mas McBride se recusou a desistir. Acabou tendo que fazer trinta cirurgias em onze anos e usar uma bolsa de colostomia. Durante todo esse tempo, continuava a afirmar que saúde e integridade física eram o destino espiritual dele.

Finalmente, muito tempo depois que a maioria de nós já teria desistido, ele saiu do hospital como um homem forte, independente e perfeito. Hoje ele viaja pelo país inteiro falando sobre a jornada que trilhou, ensinando às pessoas a verdade sobre a divina magnificência delas mesmas.

Como ele diz:

— Nós já somos livres. O infinito poder de Deus vai subjugar a nossa crença nas doenças e se foi isso o que escolhemos para nós. Podemos mudar as nossas crenças para saúde, amor, alegria, paz. É hora de reivindicarmos a nossa unidade com Deus e andarmos firmes pela vida. Você é Deus, e essa é a verdade que vai libertar você.

O método

Não há limites para o nosso ser, exceto aqueles em que você acredita.

— Seth, professor desencarnado, recebido por Jane Roberts

Como não temos acesso aos microscópios de Masaru Emoto e aos assistentes dele, vamos causar efeito na matéria reproduzindo uma experiência que você deve ter feito na escola: plantar feijões. O dr. Larry Dossey, em vários livros sobre a oração, detalhou à exaustão estudos científicos bem precisos que provam que colocar intenção num resultado físico particular afeta tudo, desde sementes de centeio a mulheres com câncer de mama.

Material necessário:

- Uma caixa de papelão para ovos
- Um pouco de terra adubada
- Grãos de feijão

Instruções: Plante dois feijões em cada um dos espaços da caixa de papelão e coloque perto de uma janela. Regue as mudinhas a cada dois dias e faça uma intenção consciente: "Com a minha energia inata, quero fazer com que os feijões do lado esquerdo da caixa cresçam mais rápido que os do lado direito".

Anote as suas observações pelos próximos sete dias. E *voilà*, no fim da semana, você vai ver indícios precisos de que a sua intenção se manifestou.

Nesse meio-tempo, você pode fazer uma experiência com o que os cientistas chamam de cinesiologia aplicada. Pode parecer complicado, mas é apenas um método elementar de testar como o seu corpo reage a declarações positivas e negativas ditas em voz alta. O dr. John Goodheart foi um dos pioneiros da cinesiologia aplicada na década de 1960, quando ele descobriu que os músculos rapidamente se enfraquecem quando o corpo é exposto a substâncias tóxicas e ficam mais fortes na presença de substâncias terapêuticas. Na década seguinte, o dr. John Diamond descobriu que os músculos também respondem a estímulos emocionais e intelectuais.

Toque com ponta do polegar a ponta do dedo médio de cada um a das mãos para formar dois anéis. Agora junte os dois anéis. Empurre os dedos do anel da mão direita com firmeza contra a mão esquerda, fazendo pressão suficiente para manter os dedos juntos. Perceba o que está sentindo.

Agora diga o seu nome em voz alta: "O meu nome é _____". Ao mesmo tempo, faça a mesma pressão. Como você não vai dizer o seu nome errado, essa declaração vai fazer as suas mãos continuarem firmes e fortes.

Agora diga: "O meu nome é Julia Roberts" ou "George Clooney". Mesmo que você faça a mesma pressão de antes, os dedos vão se separar.

Tente várias declarações verdadeiras e falsas até que você consiga romper o equilíbrio. Se o círculo se mantém, isso indica uma resposta positiva; se os dedos da sua mão direita são capazes de quebrar a conexão dos dedos da mão esquerda, a resposta é: "Sem essa!".

Essa ferramenta não só é efetiva para receber conselho do seu próprio corpo, como também é muito útil para testar como o seu corpo reage a diferentes declarações como:

- Sou um idiota.
- Sou amoroso, apaixonado, pacífico e feliz.
- Odeio o meu corpo.
- Sou forte e poderoso.

Relatório da experiência

Princípio: O princípio do super-herói

Teoria: Os seus pensamentos e a sua consciência causam impacto na matéria.

Pergunta: É possível afetar o mundo físico com a minha atenção?

Hipótese: Se eu focar a minha atenção em feijões germinados, eles vão crescer mais rápido.

Tempo necessário: sete dias.

Data e hora do início da experiência:

Abordagem: Vou focar a minha atenção em feijões germinados. Vou enviar a eles vibrações positivas e influenciá-los com minha energia.

> *As pessoas precisam perceber que os pensamentos que têm são mais básicos que os genes, porque o meio ambiente, que é influenciado pelos nossos pensamentos, controla os genes.*
>
> — Bruce Lipton, ph.D., biólogo celular americano

Experiência Nº 7

O princípio do controle de peso:

**OS SEUS PENSAMENTOS E A SUA CONSCIÊNCIA FORNECEM
A ESTRUTURA DO SEU CORPO FÍSICO**

O seu corpo é simplesmente uma expressão viva de como você vê o mundo.

— Carl Frederick,
autor de *Est: Playing the Game the New Way*

A premissa

O meio ambiente no qual você vive reage aos seus pensamentos e às suas emoções. Para provar isso de maneira bastante clara, você vai usar uma balança que está no seu banheiro. É, nesta experiência você oferece o seu corpo à ciência. Mas não se preocupe. É apenas por três dias. De acordo com um estudo da Universidade Cornell, algo em torno de noventa por cento das pessoas pelo menos estão tentando fazer uma coisa só: emagrecer. Para aqueles dois ou três grandes sortudos que estão tentando *engordar*, bem, vocês também podem esperar um aumento de saúde e vitalidade.

A comida que você come, como tudo o mais no mundo, está infundida de energia e, ao trabalhar com ela em vez de lutar contra (como a maioria de nós faz na nossa obsessão de perder peso), você vai facilmente emagrecer um quilo ou dois sem fazer absolutamente nada.

A premissa específica para essa experiência é que a energia fornecida pela comida que come é afetada pelo o que você diz e pensa. Essas coisas no prato do jantar não são porções de ingredientes estáticos, mas pedaços de energia dinâmica que captam cada uma das suas intenções. E ainda que os nutricionistas não consigam qualificar exatamente os seus pensamentos para incluí-los nos rótulos dos alimentos, talvez devessem fazer isso

E² – Energia ao quadrado

se querem mesmo fazer uma medição precisa do que aquele prato de feijoada ou de macarrão significa para a sua saúde. A energia dos seus pensamentos está sendo ingerida juntamente com o cálcio e a vitamina D.

Se você ainda não viu, veja o documentário de Tom Shadyac, *I Am*. O filme inteiro é incrível, mas para os propósitos dessa experiência, preste muita atenção na cena onde Shadyac, um famoso diretor de Hollywood, visita um instituto de pesquisa sem fins lucrativos que estuda o estresse e a energia humana. Em primeiro lugar, Rollin McCraty, diretor de pesquisa do instituto há muito anos, coloca eletrodos numa tigela de iogurte.

Embora o iogurte seja amplamente visto como uma massa inerte, McCraty usa os eletrodos para demonstrar que ele reage aos pensamentos e às emoções de Shadyac. O ponteiro no aparelho medidor de reações oscila bastante quando lhe fazem perguntas sobre o fim do seu primeiro casamento, e quase sai do visor quando o diretor fala do seu advogado, com quem assumiu ter assuntos pendentes. O iogurte, sem ser tocado por Shadyac de forma alguma, foi capaz de ler as emoções dele. Quando ele trouxe a atenção de volta para o presente, de volta para a sala, o ponteiro ficou parado.

— Nós não sabemos exatamente como isso funciona, mas temos provas irrefutáveis de que as emoções humanas criam um campo de energia bem real ao qual outras formas de vida se sintonizam — diz McCraty.

Então pense nisso. Quantas vezes você já disse ou pensou algo parecido com o que se segue?

- É muito difícil emagrecer.
- É só eu olhar para um pedaço de torta de chocolate que engordo.
- O meu metabolismo é lento.

Pensamentos como esses não só fazem você se sentir péssimo, mas eles certamente afetam o seu corpo e o que você come.

Nos anos 1960, Cleve Backster, um ex-agente da CIA, ganhou as manchetes de jornais quando descobriu que as plantas percebiam as intenções humanas. Em 1966, depois de se aposentar da CIA, Backster começou a montar o que ainda é considerado o maior detector de mentiras do mundo. Numa noite, sentado no seu escritório em Nova York, ele resolveu prender um galvanômetro a uma planta. Era só uma brincadeira, alguma coisa para matar o tempo. O que ele descobriu foi que a planta que a secretária dele tinha trazido para decorar o escritório reagia não só a agressões físicas (ele mergulhou as folhas no café quente e queimou-as com um fósforo), mas também a cada um dos seus pensamentos e emoções. Ele ficou chocado e sentiu como se quisesse sair correndo pelas ruas e gritar para o mundo: "As plantas são capazes de pensar!". Em vez disso, mergulhou numa investigação meticulosa para estabelecer como as plantas reagiam aos pensamentos.

Usando um polígrafo altamente sofisticado, ele foi capaz de provar que as plantas — de todos os tipos — reagiam aos pensamentos e às emoções humanas. Ele testou dezenas de variedades, até umas que comemos diariamente. E descobriu que elas reagiam aos sons que eram inaudíveis para os ouvidos humanos e a comprimentos de ondas das luzes infravermelha e ultravioleta, que são invisíveis ao olho humano.

O biólogo vienense Raoul Francé, que morreu em 1943, antes que essa aparelhagem sofisticada estivesse disponível, já tinha sugerido que as plantas constantemente observavam e registravam acontecimentos e fenômenos dos quais nós, humanos, aprisionados à nossa visão de mundo antropocêntrica, não sabíamos nada.

Mas por que isso é relevante para a balança no nosso banheiro? A maior parte das toneladas de comida que consumimos anualmente vem das plantas. É quase sempre processada e misturada até que se torne irreconhecível, mas grande parte da nossa comida um dia já foi uma planta sensível e viva. E o restante da comida vem dos animais, que, claro, também captam energia das plantas. Então praticamente toda comida, bebida e remédio que nos mantêm vivos são derivados das plantas, que, como Blackster e muitos outros cientistas que vieram depois dele provaram, são capazes de ler os seus pensamentos.

Você entende o que estou dizendo?

O que você diz e pensa sobre si mesmo, sobre seu corpo e sobre a comida que come tem tudo ver com a saúde que vai ter. Contar calorias e gorduras ingeridas com um cuidado meticuloso pode muito bem ser o principal obstáculo entre você e o seu peso ideal.

A luta da comida

Quanto mais obcecado alguém é em ser magro, mais dificilmente ele conseguirá isso.

— Augusten Burroughs

Dietas são o nosso maior inimigo. Elas fazem você se tornar paranoico, maluco e gordo. Não é preciso ser um grande cientista para perceber que as dietas não funcionam. Então por que insistimos em nos privar de alimentos e disciplinar a nós mesmos em nome das dietas quando elas obviamente não servem para nada? Pense nisso: se você vai pegar o seu pagamento e o seu chefe diz: "Me desculpe, mas nós decidimos não pagar você nessa semana", você continuaria a trabalhar, semana após semana, esperando que algum dia ele mude de ideia?

A maioria de nós tem uma relação complexa com a comida. Um retrato disso é a indústria das dietas, que fatura 60 bilhões de dólares por ano. Em vez de apreciar o potencial nutritivo dos alimentos que mantêm a nossa vida, nós temos medo deles, os desprezamos e os culpamos pela imagem que vemos no espelho. Alguém disse aí uma "relação de amor e ódio"?

Quanto mais você irradia energia negativa sobre si mesmo e passa o tempo querendo emagrecer, a única coisa que consegue é negatividade, insatisfação e um desejo constante de perder peso.

Esse é não só o tipo de pensamento contraprodutivo, mas também mantém você preso ao corpo que tem agora. O seu corpo é o barômetro das suas crenças. As suas células captam tudo o que diz e pensa, e fazendo comentários desabonadores sobre os seus braços compridos ou sintonizando no mesmo pensamento de sempre sobre o pneu de caminhão em volta da sua cintura, você os está registrando nos músculos, nas glândulas e nos tecidos do seu corpo.

Isso pode te chocar — especialmente se passa a maior parte do seu tempo acordado silenciosamente alfinetando a si mesmo sobre a sua feiura, gordura, celulite etc. —, mas o estado natural do seu corpo é saudável. Ele pode se curar e se regular sem que você faça nada. Mas quando fica em cima dele e conta calorias o tempo todo, você não permite que o seu corpo mude.

E² – Energia ao quadrado

Histórias de experiências pessoais

O nosso corpo é um cristal que anda. Nós acumulamos energia eletromagnética. Podemos receber, podemos transmitir, podemos estocar energia eletromagnética.

— Dr. Normam Shealy, médico holístico e
neurocirurgião americano

Quando Alan Finger, um famoso professor de ioga, era adolescente, ele perdeu cinquenta quilos em... — você está sentado?! — um mês.

Depois de estudar na Índia, o pai dele, Mani Finger, trouxe de lá uma sequência de exercícios respiratórios muito poderosos, que ensinou ao filho, que estava acima do peso.

Em apenas um mês fazendo os exercícios de respiração, que é uma maneira de movimentar a energia, Alan perdeu cinquenta quilos.

Sei o que está pensando. "Isso é impossível, não pode ter acontecido."

Deixe-me interromper você aqui. Pensamentos como esse, que zombam das infinitas possibilidades do universo, estão o tempo todo no seu caminho. Para mudar a sua energia, tem que mudar a sua maneira de pensar. A palavra *impossível* não deve fazer parte do seu vocabulário.

Uma amiga minha vem tentando emagrecer há, provavelmente, uns trinta anos. Ela tentou de tudo, inclusive exercícios e dietas que pregavam a ingestão de minúsculas quantidades de comida. Nada funcionou. Ela finalmente foi fazer uma consulta com um especialista em Técnica de Libertação Emocional (TLE), mesmo que estivesse ligeiramente relutante em acreditar que algo tão simples quanto apertar alguns pontos de determinados meridianos do corpo pudesse fazer com que vencesse a batalha contra a balança que travava há tantos anos. Mas estava desesperada. Em apenas um mês desbloqueando a energia estagnada, ela perdeu todos aqueles quilos insistentes. Foi capaz de manter o peso e ainda hoje não engordou.

Como aconteceu com Alan Finger, que perdeu quase cinquenta quilos em apenas um mês. Você pode ler mais sobre em *Breathing Space*, o livro que ele escreveu com a professora de ioga dele, Katrina Repka. O que você tem a perder em acreditar que é isso possível?

Eu também recomendo enfaticamente um livro chamado *A biologia da crença*, de Bruce Lipton, um biólogo celular que dava aulas na Universidade de Stanford. Ele descobriu que, apesar do que nós acreditamos, os nossos corpos são influenciados mais pela energia e pelos pensamentos que temos do que pelo DNA.

Lipton conta uma história sensacional sobre dois grupos de pacientes com problemas no joelho. O primeiro se submeteu a uma complicada cirurgia. O segundo acreditou que eles também tinham feito a cirurgia. Mas o médico que estava realizando aquela pesquisa fez apenas uma incisão nesses pacientes e não os operou de verdade. Portanto não houve nenhuma alteração nos joelhos deles. Ambos os grupos, no entanto, obtiveram melhoras. As pessoas de ambos os grupos dentro de pouco tempo eram capazes de andar, jogar basquete e fazer todas as coisas que sempre fizeram antes de terem uma lesão no joelho.

Essa é a história mais fantástica que já ouvi sobre o efeito placebo e deve servir de prova suficiente para o fato de que você precisa se ver magro e maravilhoso, que se danem os pensamentos negativos! Tudo em que você focar a sua atenção vai se expandir, como a Experiência n° 5 demonstrou. Então, se você focar em ser gordo e precisar fazer uma dieta, é essa realidade que vai se expandir na sua vida.

O método

A vida em si é um verdadeiro banquete.

— Julia Child, escritora e chef americana,
celebridade da televisão

Nesta experiência você vai desistir do ódio constante que sente em relação aos alimentos que come. Vai pensar que em cada pedaço de comida que entra no seu corpo como o seu melhor amigo, ou pelo menos entenderá todo o potencial nutritivo que ele carrega.

Thomas Hanna, terapeuta energético, diz que quando nós olhamos para o corpo de alguém estamos observando o processo de movimento dos pensamentos dessa pessoa. São as nossas crenças e os nossos pensamentos sobre nós mesmos, mais do que aquela torta de chocolate à qual não conseguimos resistir, que nos fazem engordar.

Então, para começar essa experiência, você vai parar de dizer as coisas negativas que sempre diz sobre o seu corpo. E vai notar que é muito difícil fazer isso. Cada vez que fizer um comentário crítico e desabonador, inverta-o — se não em voz alta, pelo menos silenciosamente para si. Por exemplo, uma amiga sua liga e você vai logo dizendo: "Comi um saco gigante de pipoca com manteiga ontem no cinema. Acho que engordei uns cinco quilos". Em vez disso, diga algo como: "Derrubei metade do saco de pipoca ontem no cinema quando o Antonio Banderas tirou a camisa. E suei tanto que estou bem mais magra". (Você não tem que ser modesta. Tudo bem admitir que é um arraso.)

Os alimentos estão cheios de energia, e comer devia ser uma experiência totalmente positiva. Nós nos acostumamos por tanto tempo a fazer exatamente o oposto, que essa experiência deve ser a mais difícil para a maioria das pessoas. E como se sentir culpado em relação à comida é um hábito arraigado, esse experimento pode lhe parecer completamente não natural. E pode necessitar prática. Você pode até mesmo ter quer repetir o experimento várias vezes, se notar os velhos padrões de pensamentos surgindo de novo dentro de si, se começar a contar quantas calorias e gramas de gorduras está prestes a consumir. É por isso que esse experimento dura 72 horas e não 48, como a maioria das outras.

Estamos procurando provas de que os seus pensamentos e a sua energia estão dançando continuamente com o mundo em sua volta.

Você se lembra de quando as pessoas costumavam rezar antes das refeições? A minha família sempre fazia isso, mesmo nos restaurantes, o que me deixava constrangida quando fiquei um pouquinho mais velha. Hoje sei que aquelas orações colocavam energia positiva e bons pensamentos na nossa comida — não que tivéssemos consciência disso naquela época. Mas devo te dizer que ninguém na minha família tem ou teve problemas de obesidade ou sobrepeso. Então durante essa experiência, você vai fazer o seguinte:

E² – Energia ao quadrado

1. Parar de falar mal do seu corpo. E, se possível, evitar negatividade de qualquer tipo.
2. Antes de colocar qualquer alimento dentro do seu corpo, envie a esse alimento pensamentos amorosos, coloque as suas mãos sobre ele, abençoe-o.
3. Concentre-se em infundir os seus alimentos com amor, alegria e paz.

É isso. Pese-se no dia em que você começar a experiência e de novo três dias depois.

Relatório da experiência

Princípio: O princípio do controle do peso

Teoria: Os seus pensamentos e a sua consciência fornecem a estrutura do seu corpo físico.

Pergunta: Será que o que eu penso afeta o ambiente em que vivo e, mais especificamente, a comida que como?

Hipótese: Se os meus pensamentos e a minha consciência estão em dança constante com o ambiente ao meu redor, a comida que como vai ser afetada pelos meus pensamentos. Mudando a maneira como penso e como falo sobre os meus alimentos serei mais saudável e, por causa dessa experiência, vou perder pelo menos dois quilos.

Tempo necessário: 72 horas.

Data do início da experiência:

_____

Peso registrado pela manhã, no início da experiência:

_____

Peso registrado pela manhã, no fim da experiência (ou seja, três dias depois):

_____

E² – Energia ao quadrado

Abordagem: Não faça nenhuma mudança na sua dieta. Na verdade, o que você come não deve ser uma questão durante o período dessa experiência. No entanto, para tudo o que comer durante esses três dias, os ovos de que gosta pela manhã ou o pedaço do bolo de aniversário de um colega de trabalho à tarde, envie deliberadamente pensamentos positivos e amorosos antes de ingerir. Agradeça, porque esses alimentos estão te nutrindo, e espere que contribuam para o aprimoramento do seu corpo.

Você produz beleza com a sua mente.

— Augusten Burroughs

Experiência Nº 8

O princípio dos 101 dálmatas:

VOCÊ ESTÁ CONECTADO COM TUDO E COM TODOS NO UNIVERSO

Eu sou porque nós somos.

— Mandamento da filosofia ubuntu, da África do Sul

A premissa

Nesta experiência, você vai provar que está interconectado com tudo e com todos por meio de um campo invisível de inteligência e energia. Usando um termo da Física Quântica, essa rede de conexões se chama *não localidade*.

E mesmo sendo um dos conceitos-chave da mecânica quântica, a não localidade, como também o conceito de entrelaçamento, provocou muitos becos sem saída nos últimos trezentos anos, a começar com Sir Isaac Newton, que considerou o que ele chamou de "ação à distância" ridículo (apesar do fato de que sua própria teoria, a da gravidade, propunha o mesmo fenômeno). Resumindo, a não localidade é quando duas partículas agem em sincronia sem nenhuma intermediação.

Mas isso não faz nenhum sentido, certo? Se você quer tirar um sapato largado no meio da sala, tem que tocar no sapato, ou na vassoura que vai tocar no sapato, ou mandar o seu filhinho de cinco anos, que deixou o sapato lá, tirá-lo dali imediatamente, por meio de vibrações que vão pelo ar e chegam aos ouvidos dele. Coisas só podem afetar outras que estão imediatamente ao lado delas. Tem que haver uma sequência, uma cadeia de eventos. Acreditamos que só podemos alterar algo que podemos tocar.

Mas não é o caso aqui. Hoje conseguimos um modelo demonstravelmente mais preciso, que prova que um objeto, sem estar de modo algum perto de um segundo objeto, pode influenciar esse segundo objeto. Infelizmente, a maioria de nós ainda persiste em depender da velha visão de mundo da "cadeia de eventos", muito embora os físicos tenham demonstrado várias vezes que uma vez que o átomo esteja nas proximidades de outro átomo, ele vai ser influenciado (ou entrelaçado) pelo segundo átomo, não importa o quão longe ele vá. Mesmo Einstein não conseguiu aceitar completamente esse conceito contraditório. Um enigma ainda mais estranho é que uma vez que os átomos tenham interagido, eles ficam entrelaçados para sempre.

Já provamos inclusive que a não localidade e o entrelaçamento funcionam para coisas maiores, como os seres humanos, por exemplo. Em 1978, o dr. Jacobo Grinberg-Zylberbaum, da Universidade Nacional Autônoma do México (mais tarde imitado pelo neuropsiquiatra inglês Peter Fenwick), conectou dois indivíduos a aparelhos de encefalograma em salas isoladas. O padrão de ondas cerebrais produzido por uma série de luzes estroboscópicas submetidas ao olhar de um dos indivíduos era aparentemente idêntico ao do outro indivíduo, embora ele não estivesse perto da mesma luz.

Apesar de a não localidade não fazer sentido para os nossos cérebros newtonianos, podemos ainda assim usá-la a nosso favor. Assim como seu computador está ligado, por meio da internet, a uma quantidade infinita de informação, você — apenas por ser um ser humano — está ligado a todas as outras pessoas no mundo.

Às vezes, quando quero me comunicar com alguém do outro lado do mundo, sussurro uma mensagem para o carvalho imenso bem em frente à minha casa. Não preciso dizer que as árvores, assim como os cachorros em *101 dálmatas*, estão interconectadas, e o carvalho pode facilmente enviar mensagens para uma palmeira no jardim de um amigo meu na Califórnia, por causa do conceito de não localidade.

Pam Grout

Aquela sensação de sincronicidade

Tudo é uma questão de amor e de como estamos todos conectados.

— Mark Wahlberg, ator americano

Quando a minha filha estava com uns doze anos, ela começou a responder a todas as perguntas da mesma maneira, usando sempre 222. Se alguém perguntasse que horas eram, ela dizia: 2h22 da tarde, mesmo quando eram 5h43. Se alguém perguntasse quanto custava uma caixinha de achocolatado na lanchonete do colégio, ela respondia: 2,22 dólares. Os amigos dela gostaram da brincadeira e começaram a ligar para ela exatamente às 2h22 da tarde. E ela criou uma página no Facebook: "A surpreendente grandiosidade de 222". Como eu disse, ela tinha uns doze anos. Naquele verão, fizemos duas viagens. Nas duas, sem nenhuma interferência da minha parte, acabamos ficando no quarto 222 de dois hotéis, um em Seattle, quando perdemos a conexão para Juneau; e o outro em Londres, bem em frente à sede da BBC.

Carl Jung chamava eventos com esses de sincronicidade: "a ocorrência simultânea de dois eventos significativos, mas não casualmente conectados". Algumas pessoas veem coincidências como essas como estranhezas divertidas saídas diretamente de um gerador de eventos aleatórios, argumentando que é inevitável que, eventualmente, eventos da coluna A correspondam aos da coluna B.

Nesta experiência, você vai se permitir supor que eventos sincronísticos não são o resultado de uma Lei das Probabilidades ou de uma ilusão total, mas, ao contrário, são resultados válidos da não localidade e do entrelaçamento.

Na verdade, no livro *Ascensão de Prometeu*, Robert Anton Wilson afirma que "mesmo apenas contempladas, essas questões normalmente desencadeiam a sincronicidade junguiana. Veja quanto tempo depois de ler este capítulo você vai se deparar com uma coincidência incrível". Se você tem uma ótima história de sincronicidade, em todos os sentidos, envie para mim por meio do meu site: *www.pamgrout.com.*

Como Wilson adorava destacar, o tecido do universo não segue as regras dos homens. Para facilitar, vamos deixar que ele mesmo explique o teorema da não localidade colocado em evidência nos anos 1960 pelo teórico John S. Bell. Foi este teorema hoje em dia muito famoso de Bell que levou a experiências conclusivas que provaram a natureza quântica não local do mundo:

> O teorema de Bells é altamente técnico, mas em linguagem comum equivale [...] ao seguinte: não existem sistemas isolados; toda partícula no universo está em comunicação instantânea (mais rápida que a luz) com todas as outras partículas. O sistema inteiro, mesmo as partes que estão separadas por distâncias cósmicas, funciona como um todo.

Depois desta experiência, você vai descobrir que a sincronicidade, o fenômeno que as pessoas normalmente descartam com um "Uau! Que coincidência incrível!" nada mais é do que a prova experimental da interconexão de todas as coisas.

Tudo o que não parece amor é uma distorção da realidade

> *Nós podemos cortar e dissecar da maneira que bem quisermos, mas não podemos justificar virarmos o nosso rosto para essa evidência.*

> — Larry Dossey, médico e escritor americano

Em 1972, na convenção anual da Sociedade Americana para o Avanço da Ciência, o meteorologista Edward Lorenz introduziu uma expressão novíssima na língua inglesa, que logo depois foi traduzida literalmente para a maioria das línguas do mundo. O *efeito borboleta* era a observação que ele tinha feito de que um evento aparentemente insignificante, como o bater de asas de uma borboleta no Brasil, podia desencadear um furacão no Texas. Em outras palavras, coisas pequenas, quase imperceptíveis, podem ter consequências grandes e duradouras.

O legal nesta experiência é que você pode usá-la para atrair amor para a sua vida. Ou para tornar o mundo mais brilhante. Quando se tem pensamentos elevados em relação a alguém, isso contribui favoravelmente para o campo energético dessa pessoa. Da mesma maneira, quando você critica os outros, mesmo que guarde isso só para si, afeta a energia deles e diminui a qualidade das suas interações. Você pode literalmente elevar o mundo irradiando amor, bênçãos, paz e outras emoções positivas para as pessoas na sua vida.

Como se diz em "Um curso em milagres": "Você é abençoado por cada pensamento bom de cada um dos seus irmãos, em qualquer lugar".

Tem uma história sobre um homem que protestava em silêncio, do lado de fora de uma escola militar dos Estados Unidos, contra a diplomacia americana e sua atuação agressiva. Alguém perguntou a ele:

— O que faz você pensar que segurar essa vela aqui fora vai ter algum efeito sobre o governo? Eles estão fazendo a mesma coisa há décadas.

— Não estou preocupado em mudá-los — respondeu o homem. — Eu não quero é que o meu país *me* mude.

Os seus pensamentos sobre as outras pessoas mudam *você*.

É realmente possível, neste mundo do nós-contra-eles, que, como esse princípio da energia estabelece, sejamos mesmo um só?

Bem, para ser curta e grossa, é possível, sim. Estamos nisso juntos. E toda vez que julgamos ou pensamos alguma coisa que não é muito boa sobre outra pessoa, crucificamos a nós mesmos. Infligimos dor a nós mesmos.

As nossas diferenças, tão grandes quanto fazemos parecer, são superficiais e insignificantes. E é hora de as deixarmos de lado.

Quando você encontrar alguém, lembre-se de que esse é um encontro sagrado. Da maneira que enxergar essa pessoa, ela também enxergará você. Da maneira que tratá-la, ela vai tratá-lo. O que você pensar sobre ela, vai pensar sobre si mesmo.

Você pode mudar o seu relacionamento com quem quer que seja simplesmente mandando pensamentos bons para essa pessoa.

Histórias de experiências pessoais

Tudo o que queremos, não importa que sejamos abelhas, árvores, lobos, seres humanos ou estrelas, é amar e sermos amados, sermos aceitos, tratados com carinho e celebrados por sermos apenas quem somos. Será que isso é tão difícil assim?

— Derrick Jensen, escritor e ambientalista americano

Uma amiga minha, que aqui vou chamar de Ginger, teve um relacionamento muito difícil com a mãe por vários anos. Finalmente ela decidiu que todas as noites, antes de dormir, enviaria bênçãos à mãe. A mãe dela, claro, não tinha a menor ideia do que a filha estava fazendo. Desde esse dia, Ginger, que nunca contou nada à mãe sobre isso durante uns seis meses, reservava alguns minutos todas as noites para desejar que a mãe recebesse todas as coisas que ela sempre quis e via a si mesma muito feliz com isso.

— Honestamente não sei bem como aconteceu, mas o nosso relacionamento mudou completamente. Hoje, somos melhores amigas uma da outra — disse Ginger.

Mais histórias de experiências pessoais

Explore os seus mais altos horizontes. Seja um Colombo dos novos continentes dentro de você, abra novos canais, não de comércio, mas de pensamento.

— Henry David Thoreau, escritor e filósofo americano

A escritora Martha Beck, cujos livros estão sempre entre os mais vendidos dos Estados Unidos, um dia foi como a maioria de nós: muito agradável e confiante, mas não a ponto de ultrapassar os próprios limites. Afinal ela era uma cientista, uma socióloga formada em Harvard que precisava de fatos para chegar a uma conclusão determinada. E a conclusão a que ela tinha chegado, a mesma que a maioria de nós chega neste planeta Terra, é que as pessoas são legais, mas é melhor não se envolver muito. Especialmente se você está em Harvard, competindo para obter mais títulos acadêmicos. Provavelmente é melhor manter as pessoas a uma certa distância.

Como ela descreve num livro maravilhoso chamado *Expecting Adam*: "Nós saímos por aí como a rainha Elizabeth, sentindo pena dos pobres mortais que vemos, agarrando as nossas bolsinhas cafonas, evitando todo e qualquer comportamento inade-

E² – Energia ao quadrado

quado, nunca mostrando os nossos verdadeiros sentimentos ou tocando os outros, a não ser com luvas de couro".

Mas a vida aprontou uma boa com Martha Beck. Deu-lhe um filho, Adam, com síndrome de Down, que lhe ensinou que tudo o que ela pensava que tinha entendido sobre o mundo era um grande engano. Especialmente aquela parte sobre não confiar nas pessoas. Quando ela estava grávida de Adam, o marido dela, também formado em Harvard, viajava muito para a Ásia, e Martha ficava sozinha lidando com as próprias pesquisas, a filhinha de dois anos e a gravidez que não estava indo muito bem. Febres, ameaças de aborto e várias doenças que afetam a gravidez a estavam deixando esgotada.

Como ela diz: "Eu me sentia como se tivessem jogado um saco de areia em cima de mim".

Toda vez que ela achava que não aguentava mais, um anjo (e não estou falando metaforicamente) ou alguém que ela mal conhecia aparecia com palavras carinhosas, compras de supermercado ou algum outro tipo de ajuda. Não se esqueça de que essa mulher chegava à beira de um ataque de nervos toda vez que ouvia falar em espiritualidade. Ela tinha há muito tempo se afastado de qualquer ideia de Deus e tinha sido condicionda a seguir "a boa e velha lógica derivada da filosofia de Francis Bacon de se recusar a acreditar em qualquer coisa até que ela seja provada".

No entanto, uma mulher que ela mal conhecia apareceu na porta dela numa manhã com uma sacola de compras quando ela estava quase desmaiando, uma força invisível apareceu do nada para guiar ela e a filha pelo apartamento cheio de fumaça antes que fosse tomado pelas chamas, e ela foi capaz de ver e falar com o marido, mesmo ele estando em Hong Kong e ela em Boston. E, não, eu não estou querendo dizer pelo telefone.

O que ela percebeu foi o seguinte: "Contra todas as possibilidades, apesar de tudo que trabalha contra nós neste planeta desagradável e desconfortável, há um cuidado permanente e abundante. Você pode sempre encontrá-lo se for esperto o bastante e souber onde procurar". Mesmo que você não seja esperto o bastante, esse cuidado vai surgir em algum momento — especialmente quando mais precisa.

Beck diz: "Tive que me livrar de cada tristeza, cada medo, cada concepção equivocada, cada mentira que estava entre a minha mente consciente e o que eu sabia no meu coração que era verdade [...]. Tive que expandir a minha realidade de uma série de fatos sólidos, estreitos e frios como uma lâmina de barbear, para um caos imenso de possibilidades".

O método

O que hoje é visto como o paradoxo da teoria quântica será visto apenas como bom senso para os filhos dos nossos filhos.

— Stephen Hawking, físico teórico inglês

Nesta experiência você vai mandar uma mensagem para alguém que você conhece usando o conceito da não localidade. De acordo com Laura Day, autora do livro *Manual de intuição prática*, é tão fácil quanto mandar um e-mail.

A coisa boa sobre essa experiência é que você nem precisa sair da cadeira em que está sentado. A maioria das nossas interações com os outros seres humanos ocorre no plano não físico. Sabe todos aqueles pensamentos que pensa que está secretamente guardando para si mesmo? Não são tão secretos assim. Uma vez que estamos todos conectados, você pode muito bem berrar todos eles num megafone. Sutilmente, todo mundo está recebendo a mensagem de qualquer maneira.

Estamos todos conectados a esse imenso banco de dados, e constantemente trocamos energia a cada pessoa em nosso círculo de influência e, numa escala menor, com cada ser no planeta.

Esqueça a terapia. Você pode economizar muito dinheiro simplesmente mudando o diálogo dentro da sua cabeça.

Mas cuidado com o que vai pedir. Sondra Ray, cofundadora do programa de Estágio em Relacionamentos Amorosos e uma das minhas ex-professoras, conta uma história engraçada sobre comunicação por meio do banco de dados do campo de energia invisível. Ela foi ver Leonar Orr, outro dos meus professores, para descobrir por que ela sempre batia com o carro. Ele disse a ela para fazer uma intenção diferente, na forma de uma afirmação. Ela zombou dizendo:

— Você quer dizer que, apenas com uma intenção, posso até mesmo fazer um monte de homens ligarem para mim?

— Claro — disse ele. — Tente.

Ela começou a enviar essa intenção para o Campo de Potencialidades: "Eu recebo um fluxo abundante de ligações de vários homens". Em quatro dias, cada um dos ex-namorados dela ligou, alguns dos quais ela não via há meses, alguns há anos.

— É incrível, mas é verdade — disse ela. — Comecei a receber ligações durante a noite, ligações de homens que eu não conhecia, que tinham ligado errado.

Não preciso nem dizer que ela mudou a intenção rapidinho. Os passos da experiência são os seguintes:

1. Escolha um alvo. Apesar de ser certamente possível mandar uma mensagem para praticamente qualquer pessoa, sugiro que você escolha alguém com que você já

se encontrou. Bruce Rosenblum, professor de Física na Universidade da Califórnia em Santa Cruz, afirma que uma vez que já tenha encontrado e apertado as mãos de alguém, vocês estão para sempre entrelaçados.

2. Escolha que tipo de ação ou resposta você quer. Quanto mais específico você for, melhor. Seja muito claro sobre o seu pedido. Na minha última experiência, enviei uma mensagem para o meu parceiro, Jim: "Traga pão para casa".

3. Tenha o seu alvo sempre em mente.

4. "Esteja" sempre com o seu alvo, incorporando e experimentando essa conexão. Palavras são muitas vezes uma maneira ineficiente de mandar mensagens. Coloque todos os seus sentidos na experiência. E acredite na mensagem que mandar.

Para tornar as coisas ainda mais efetivas acrescente uma pitada de diversão, e envie bons pensamentos para o seu alvo. Envie a ele bênçãos incomparáveis. Pense que ele ganhou na loteria, marcou um encontro com alguém incrível, ganhou uma viagem para dar a volta ao mundo.

Relatório da experiência

Princípio: O princípio dos *101 dálmatas*

Teoria: Você está conectado com tudo e com todos no universo.

Pergunta: Posso mesmo mandar uma mensagem para alguém sem estar na presença dessa pessoa e sem usar nenhum dos meios de comunicação existentes?

Hipótese: Se durante os próximos dois dias eu mandar, telepaticamente, uma mensagem específica para uma pessoa específica, verei indícios concretos de que essa pessoa recebeu a mensagem.

Tempo necessário: 48 horas.

Abordagem: Tá bom, tá bom, estou ouvindo aquela musiquinha do *Além da imaginação* ao fundo, mas estou disposto a não fazer nenhum julgamento, apenas dessa vez, para ver se esse é mesmo um dos aspectos misteriosos da Física Quântica. Que tal?

Dia e hora do início da experiência:

No fundo, a única coragem de que precisamos é a coragem para ver tudo de mais estranho, mais singular e mais inexplicável que possamos encontrar.

— Rainer Maria Rilke, poeta austríaco

Experiência Nº 9

O princípio da multiplicação
dos pães e dos peixes:

O UNIVERSO É ILIMITADO, ABUNDANTE E EXTRAORDINARIAMENTE GENEROSO

A maioria das pessoas só conhece um canto do próprio quarto, um espaço perto da janela, uma única e estreita faixa na qual fica andando para um lado e para o outro.

— Rainer Maria Rilke, poeta austríaco

A premissa

Esta experiência vai desfazer o mito de que a vida é uma droga e não nos resta nada além de morrer. A maioria de nós, quer admitamos ou não, crê que a vida é dura. Acreditamos que existem muitas coisas para se conquistar — seja dinheiro, tempo ou pipoca no cinema. Mesmo as pessoas com carrões na garagem passam uma boa parte do tempo pensando em como conseguir mais.

Por quê? Porque elas acreditam erroneamente que não há o bastante para todos nós. Mesmo os bilionários, mesmo as pessoas com abundância de recursos vivem sob a ditadura opressiva do "não há o bastante".

Uma amiga minha estava entrevistando um homem riquíssimo, dono de um negócio muito bem-sucedido, cuja empresa estava lançando um novo produto no mercado. Percebendo o brilho do dinheiro nos olhos dele, ela perguntou se havia uma margem de lucro, um índice de rentabilidade, uma quantidade de dinheiro de algum tipo que fosse considerada o bastante. O homem parou um momento, suspirou e lhe deu a seguinte resposta: "Você não está entendendo... Nunca temos o bastante".

É como a dança das cadeiras. Todo mundo está preocupado em não ter um lugar para sentar quando a música parar.

Nós somos bastante ricos, mas nos sentimos presos, assustados, sempre em guarda. Com toda a certeza, nós achamos que

E² – Energia ao quadrado

somos uma sociedade abundante, mas, de muitas maneiras, isso não é nada além de uma grande ilusão, um engano, graças ao mantra sempre presente de que "não há o bastante". Estamos muito ocupados fazendo a dança das cadeiras, correndo rápido e mais rápido em volta de um círculo ilusório de cadeiras que vão diminuindo em número. Ao contrário de tudo o que você sabe, o princípio dos pães e dos peixes propõe que existe uma lei natural da abundância, que tudo está bem e que você pode relaxar.

Quando Jesus rezou para multiplicar os pães e os peixes, ele não se afligiu nem um pouco sobre como aquilo poderia acontecer. Ele simplesmente colocou todos os pensamentos como um raio laser numa só direção, a de que a abundância e a plenitude eram o direito divino dele. Da mesma forma, pela duração desta experiência, você vai deixar de lado os padrões de pensamento normais e permitir que eles sejam substituídos pela remota possibilidade de que talvez exista o bastante. Para todos nós.

Há algo de errado nesse cenário

Se você acha que tem um bicho-papão aí, acenda a luz.

— Dorothy Thompson, jornalista e apresentadora americana

Escassez é o nosso cenário padrão, o condicionamento inquestionável que define as nossas vidas. A crença de que não há o bastante já é a primeira coisa em que pensamos quando acordamos de manhã: "Ah, droga, ainda não dormi o bastante".

Antes mesmo de nos sentarmos na cama, antes de colocarmos os nossos pés nos chinelos ao lado da cama, já estamos lamentando pela falta. E quando finalmente ficamos de pé: "Droga, não tenho tempo o bastante para me arrumar".

E é daí ladeira abaixo.

Nós gastamos uma boa parte da nossa energia nos preocupando e reclamando sobre não termos o bastante. Não temos bastante tempo. Não fazemos exercício o bastante ou não comemos fibras e vitaminas o bastante. Os nossos salários não são bons o bastante. Os fins de semana não são longos o bastante. Nós, pobres de nós, não somos magros o bastante, inteligentes o bastante, nem estudamos o bastante.

E nunca nos ocorre verificar se esse mantra do "não temos o bastante" é verdadeiro. Está tão profundamente arraigado que molda o sentido mais profundo de quem somos. Sermos insuficientes se tornou uma espécie de lente através da qual experimentamos todos os aspectos da vida.

É por isso que temos empregos que não nos satisfazem. É por isso que ficamos em relacionamentos que não nos realizam. É por isso que entramos novamente na fila do restaurante por quilo, mesmo quando já estamos satisfeitos.

É por isso que criamos sistemas e instituições para controlar o acesso aos recursos (petróleo, alguém se habilita?) que consideramos valiosos e limitados. Se não estivéssemos tão preocupados sobre não termos o bastante, poderíamos relaxar e usar os recursos que temos para desenvolver fontes de energia alternativas, como a solar e a eólica — energias, tenho que salientar, que nunca vão se esgotar.

Essa ficção do "não temos o bastante" nos leva a fazer coisas das quais não nos orgulhamos, que comprometem os nossos mais altos ideais, que lançam dejetos na natureza, que nos separam do nosso eu superior. E uma vez que nos definimos como "insuficientes", todas as nossas energias são

E² – Energia ao quadrado

sugadas para nos fazer ter certeza de que não somos aquele que é deixado de fora, aquele que perde terreno para uma outra pessoa.

Mas há um acordo. É tudo uma mentira grande e infeliz. Há o bastante para cada um de nós. Vivemos num universo imenso e generoso, e se pudermos ao menos superar esse medo infundado de não termos o bastante, vamos poder parar de esgotar os recursos naturais (vamos lá, quem é que precisa realmente de 89 pares de sapatos?) e liberar a nossa energia para fazer com que todos nós recebamos efetivamente o que precisamos.

Os nativos chumash, que viveram por milhares de anos na parte central da costa da Califórnia, apreciavam uma vida que eu chamaria de rica e próspera. Eles viviam em pequenas comunidades e usavam os recursos naturais ao redor para fazer canoas, arcos, flechas e remédios. Eles regularmente se alimentavam de mais de 150 espécies de frutos do mar, melões e castanhas. Faziam cobertores de pele de animais, tigelas de pedra-sabão decoradas com conchas do mar e cestas extraordinárias, tão bem-feitas que podiam até carregar água. Quase todos os dias, os chumash jogavam, dançavam, cantavam para as crianças e faziam rituais de purificação.

Hoje em dia, chamamos esse tipo de vida de economia de subsistência. Olhamos para eles e pensamos que aquela era uma vida dura e sem recursos. Mas o que eu quero dizer é que os chumash, diferentemente de nós, na verdade viviam numa economia da abundância. Para os chumash, havia sempre o bastante. Nem de mais, nem de menos. O bastante. E o mais importante: havia tempo o bastante para as coisas que realmente importam — bons relacionamentos, alimentos deliciosos, arte, jogos e descanso.

Bem agora, com todos os recursos já à sua disposição (você não tem que arrumar um novo emprego, iniciar um novo relacionamento ou mesmo começar uma prática de ioga disciplinada), você pode começar a reconhecer e levar uma vida significativa e rica. E a melhor parte é: você pode parar de trabalhar tão duro. Pegue leve para variar.

"Bênçãos" acontecem

E se essa força poderosa fosse usada para elevar as pessoas em vez de mantê-las presas na cadeia alimentar corporativa e religiosa?

— Mark Vicente, diretor de *Quem somos nós?*

Para finalizar: não temos ideia dos limites que colocamos para a nossa percepção. Se realmente soubéssemos a extensão da nossa negação à beleza do mundo, ficaríamos chocados.

A nossa confusão é tão profunda que não podemos nem conceber o mundo sem sacrifício. Mas a verdade é: o mundo não contém nenhum sacrifício, exceto os que impomos a nós mesmos.

Vale a pena parar um momento para pensar em como nos iludimos tanto.

Poucos dias depois de Eckhart Tolle fazer 29 anos, ele teve um ataque de ansiedade. Pensou até em se suicidar. A vida dele até aquele momento tinha sido basicamente uma droga. Naquela noite em particular, ele ficou dizendo a si mesmo, sem parar: "Não posso mais viver desse jeito". E, de repente, conta ele, "senti todo o meu ser sendo sugado para uma espécie de abismo".

Quando ele despertou, tudo que sentia era uma sensação de amor, um estado de paz e graça profundo e ininterrupto.

A dor emocional intensa que ele sentia forçou a consciência a remover todos os limites que ele havia se imposto. A remoção foi tão completa que o ser ilusório, infeliz e profundamente amedrontado colapsou de imediato, como um brinquedo inflável que deixa o ar escapar.

Ele passou quase dois anos não fazendo nada além de se sentar nos bancos dos parques e dos jardins, num estado de intensa alegria.

E Byron Katie? Essa corretora da Califórnia estava vivendo uma vida absolutamente comum — dois casamentos, três filhos, uma carreira bem-sucedida — quando caiu numa depressão profunda. Ela foi para uma clínica para mulheres com transtornos alimentares, não porque ela o tivesse, mas porque lá era o único lugar que o seguro de saúde dela cobria. Numa noite, estava dormindo no chão do sótão ("eu achava que era tão desprezível que não merecia dormir em uma cama", diz ela) e de repente acordou sem nenhuma das ideias normalmente preconcebidas sobre uma vida de sacrifícios.

"Todos os pensamentos que estavam me perturbando, o meu mundo inteiro, o mundo inteiro mesmo, tudo tinha desaparecido. [...] Tudo estava irreconhecível. [...] Comecei a rir com vontade, um riso que vinha lá do fundo de mim mesma. [...] [Eu] estava inebriada de alegria", diz ela no livro *A Thousand Names for Joy*.

Ela foi para casa e se sentou à janela, olhando para fora por dias a fio, num estado de graça completo.

"Era como se a liberdade tivesse sido despertada dentro de mim", diz ela.

As regras do jogo

O senso comum é uma coleção de preconceitos adquiridos até completarmos cerca de dezoito anos.

— Albert Einstein, físico alemão

Eu fui jogar Detetive com a minha filha e duas amigas dela, e cada uma de nós já havia escolhido um personagem. Nós tínhamos organizado o tabuleiro e todos os elementos para iniciar a partida, quando eu disse para Kyle:

— Joga você primeiro.

As garotas olharam para mim como se eu tivesse dito para elas tomarem banho no vestiário dos meninos depois da aula de Educação Física.

— Mãe! — gritou a minha filha.

— Tia Pam! — protestaram as meninas.

— O quê? O que foi que eu falei?

— Todo mundo sabe que quem começa a partida não é o meu personagem.

Da mesma forma que — elas me explicaram — para fazer uma acusação, você tem que estar na sala onde você pensa que aconteceu o assassinato, e se quiser pegar uma passagem secreta, você só pode fazer isso entre a sala de estar e a cozinha ou entre a biblioteca e a sala de música.

— Quem disse? — perguntei.

— As regras. Bem aqui, ó — e uma delas sacudiu um papel impresso com as regras bem na minha cara.

Essas regras "gravadas na pedra" me lembram de como nós "jogamos a vida". Alguém decide que é assim que o mundo

E² – Energia ao quadrado

funciona, e por causa disso todos concordamos em vê-lo da mesma maneira e fazemos disso a realidade.

Acontece que fomos todos enganados. A maioria dos conceitos e julgamentos que tomamos como certos são distorções grosseiras das coisas como elas são. Tudo o que pensamos que é real é simplesmente um reflexo das regras do jogo com as quais todos nós concordamos. O mundo que pensamos ver é meramente a projeção das nossas próprias regras do jogo.

Talvez seja hora de pegar o papel com as regras impressas e cortá-lo em pedacinhos para fazer confetes. Até que façamos isso, até que por fim entendamos que somos completamente amados, completamente amáveis e completamente amorosos, vamos continuar a nos sentir vazios, a questionar os nossos propósitos e a nos perguntar por que estamos aqui.

É por isso que nós precisamos de lentes inteiramente novas para olhar para o mundo.

Histórias de experiências pessoais

> *Ser triste é mais fácil do que ser alegre. Todo mundo pode dizer 'eu tive câncer' e ouvir um murmúrio de espanto das outras pessoas. Mas quantos de nós podem fazer um bom show de comédia em pé por cinco minutos?*

— P. J. O'Rourke, ex-correspondente da revista *Rolling Stone*

Caryn Johnson sempre soube que queria ser uma atriz. Na verdade, ela conta que o primeiro pensamento coerente que teve quando criança foi: "Nossa! Eu adoro fingir ser outra pessoa!".

Muito embora ela vivesse em conjuntos habitacionais bem pobres de Nova York, o teatro e o que ela chamava de fingir ser outra pessoa sempre foram parte da vida dela. Foi a todas as peças de Shakespeare, de graça, que uma companhia de teatro montou na periferia pobre onde morava. E assistiu a uma porção de filmes com o irmão, Clyde, e a mãe, Emma, que criou os dois filhos sozinha.

"Quando eu vi Carole Lombard numa cena em que ela descia as escadas com um longo vestido de seda, pensei: 'Eu também posso fazer isso'", conta ela. "Eu queria descer aquelas mesmas escadas e dizer aquelas palavras e viver aquela vida. Você pode ser qualquer coisa nos filmes. Pode voar. Pode encontrar formas de vida alienígenas. Pode ser uma rainha. Pode dormir em camas maravilhosas, com lençóis de seda, no seu próprio quarto."

Quando ela tinha oito anos, já estava fazendo uma peça num centro comunitário da cidade, como parte de um programa de teatro e de artes para as crianças carentes da região.

Mas sua vida tomou outro rumo quando, na adolescência, por causa da dislexia não diagnosticada, ela foi classificada "possivelmente retardada" e deixou a escola, se tornou viciada em drogas e esqueceu todos os sonhos de representar. Aos dezenove anos, ela era mãe solteira.

A boa notícia é que ela conseguiu se livrar das drogas. Na verdade, o pai da filha dela foi o conselheiro que a ajudou a largar o vício. Mas a má notícia é que ele não queria ser pai, e foi embora poucos meses depois da filha Alexandrea nascer.

Caryn não tinha terminado a escola e não sabia fazer nada. Na verdade, a única coisa que ela sabia fazer era cuidar de crianças. Então arranjou um emprego de babá e se mudou para Lubbock, no Texas, com uma amiga que a contratou. Mais tarde, essa amiga se mudou para San Diego, e Caryn e a filha foram junto.

Um dia ela brigou com a amiga, e de repente se viu na Califórnia sem dinheiro algum e sem nenhuma habilidade específica. Ela nem sabia dirigir, o que era algo muito ruim na Califórnia.

"Eu não tinha diploma do ensino médio", conta ela. "Na verdade, tudo o que eu tinha era a minha filha."

Ah, claro, e também tinha aquele "Nossa! Eu adoro fingir que sou outra pessoa". Durante o dia, ela aprendeu a colocar tijolos e se inscreveu numa escola de esteticistas. À noite, ela atuava em peças com um grupo de teatro experimental. Por um tempo, fez maquiagem em cadáveres numa funerária para complementar o orçamento, preocupada em dar à filha mais do que um par de sapatos ou fazer as compras do supermercado durarem até o mês seguinte.

Durante todo esse tempo, continuou a acreditar que tudo era possível. Ela continuou a acreditar que podia ser como Carole Lombard, flutuando pelas escadas num vestido de seda.

"Representar era a única coisa que eu sempre soube que podia fazer", diz ela.

A crença inabalável de Caryn finalmente bateu à porta. Em 1983, Mike Nichols, um famoso diretor de Hollywood a viu atuar num grupo de teatro experimental. Ele ficou tão impressionado com os personagens que ela fazia na peça que a contratou imediatamente para fazer um show sozinha na Broadway. Tempos depois, Steven Spielberg a viu nesse show e a escolheu para o papel de Celie, em *A cor púrpura*. Foi nessa época que ela mudou de nome, passando a se chamar Whoopi Goldberg.

"Eu posso fazer tudo. Eu posso ser tudo. Nunca ninguém me disse que eu não podia. Ninguém nunca expressou essa ideia de que eu era limitada de alguma forma, para uma coisa ou para a outra, e então eu sempre penso considerando que algo é possível, e não que é impossível", diz ela na autobiografia que lançou.

"Eu sabia que não podia fazer água virar vinho ou fazer gatos falarem francês. Mas aprendi que se me aproximasse de alguma coisa sem nenhuma ideia preconcebida do que aquela coisa é, tudo seria possível."

"Sonhe, e você pode realizar o seu sonho. Eu acredito que pertenço a qualquer lugar que deseje estar, em qualquer situação e contexto em que eu me coloque. Acredito que uma garotinha pode crescer com uma mãe solteira num conjunto habitacional pobre em Manhattan, começar uma família sozinha, batalhar durante anos vivendo do seguro social e de empregos ruins e ainda assim acabar no cinema."

"Então, claro, eu acho que tudo é possível. Sei disso porque vivi isso. Sei disso porque vi isso. Testemunhei coisas que os antigos chamariam de milagres, mas que não eram milagres. Eram o resultado do sonho de alguém. Como seres humanos, somos capazes de criar o paraíso e fazer a vida dos outros melhor pelas nossas próprias mãos. É, isso é possível."

"Se alguma coisa não aconteceu, não é porque não possa acontecer ou não deva: é apenas porque não aconteceu ainda."

Mais histórias de experiências pessoais

Usar o poder da sua mente pode ser mais efetivo do que as drogas que fizeram você acreditar que precisa.

— Bruce Lipton

Por anos, a vida de Myrtle Fillmore girava em torno de um armário cheio de remédios. A mulher que se tornaria uma das fundadoras da Igreja da Unidade não só sofria de tuberculose,

E² – Energia ao quadrado

cuspindo sangue o tempo todo e tendo febre todos os dias, mas também contraíra malária. Um dia, ela foi a uma palestra de um professor do Novo Pensamento, dr. E. B. Weeks, que fez uma afirmação ultrajante: Deus era todo bondade e não queria que ninguém ficasse doente. Além disso, ele afirmou que se ela alinhasse a si mesma com esse espírito todo de bondade, descobriria o verdadeiro ser que ela era — e que só podia ser saudável.

Dali para frente ela não parou de repetir a seguinte afirmação: "Eu sou filha de Deus e por isso não mereço doença alguma". Ela se recusou a "julgar pelas aparências" e louvava a energia vital de Deus dentro de cada célula do corpo dela. Aos poucos, Myrtle começou a melhorar. E, em dois anos, não havia sinal das doenças que tinha.

O marido de Myrtle, Charles, testemunhou a cura maravilhosa da mulher e decidiu usar as mesmas afirmações. Ele também tinha sido considerado inválido. Graças a um acidente de skate na infância e a uma série de operações subsequentes, o encaixe da bacia e da cabeça do fêmur na perna dele tinha se desgastado, e a perna, parado de crescer. Ele acreditava que o melhor que podia fazer era aprender a viver com uma dor crônica.

Como Myrtle, Charles Filmore começou a firmar que há uma força energética poderosa e bondosa. Ele não apenas ficou completamente curado da dor num ano, como a perna mais curta que tinha cresceu e se equiparou à outra. O universo tomou conta dele.

O método

A realidade é meramente uma ilusão, ainda que uma bem persistente.

— Albert Einstein, físico alemão

Esta experiência vai provar o que a atriz Sally Field finalmente descobriu quando ganhou o Oscar por *Um lugar no coração* e a fez dizer a famosa frase: "Vocês gostam de mim, vocês realmente gostam de mim". Esta experiência vai provar o quão sublime o nosso mundo verdadeiramente é.

Pelas próximas 48 horas, vamos perseguir a bondade e a beleza.

A história oficial, é claro, está escrita em sangue — nas guerras, na traição, na competição. Mas como o paleontólogo Stephen Jay Gould disse: "Os registros dos fósseis mostram períodos longos e ininterruptos de estabilidade biológica".

Na verdade, é um paradoxo estrutural que um só ato de violência nos distraia de dez mil atos de bondade. A cortesia, a bondade e a beleza humanas são a norma.

Ele chamou isso de o nosso dever, a nossa responsabilidade sagrada: registrar e honrar o peso vitorioso de todas as inumeráveis pequenas bondades que, com muita frequência, passam completamente despercebidas.

Tenha sempre um caderno em mãos pelos próximos dois dias e faça uma lista dessas pequenas bondades. Veja alguns exemplos do que você pode listar:

- A minha mulher me deu um beijo antes de eu sair para a consulta com o médico.

E² – Energia ao quadrado

- A recepcionista e eu ficamos mostrando fotos um ao outro: ela, do filhinho de quase um aninho; e eu, do meu netinho.
- Quando entrei no escritório carregando um monte de livros nos braços, um estranho segurou a porta para mim.
- O homem da lanchonete sorriu para mim e perguntou: "Tudo bem com você?".
- Os estudantes na lanchonete lotada graciosamente me ofereceram um lugar na mesa deles.
- O meu e-mail não estava funcionando direito, e um colega me ajudou a consertar.
- Um outro colega de trabalho respondeu à mensagem de teste que mandei de maneira engraçada e com boa vontade.

Relatório da experiência

Princípio: O princípio da multiplicação
dos pães e dos peixes

Teoria: O universo é ilimitado, abundante e extraordinariamente generoso.

Pergunta: É verdade que, quando foco a minha atenção nas coisas negativas, isso me impede de ver a verdadeira realidade?

Hipótese: Se eu mudar a minha perspectiva e fizer um esforço consciente para ver a bondade, a beleza e a abundância, elas vão estar por toda parte.

Tempo necessário: 48 horas.

Número de coisas boas e belas apreciadas:

Abordagem: Sempre escutei aquele velho ditado: "Você é apreciado por aquilo que aprecia". Então acho que vou dar a ele uma chance. Quem sabe? Talvez expressar a minha gratidão seja mais do que um nhenhenhém, tipo Polyanna ou o programa da Oprah. Afinal, Willie Nelson disse que quando ele começou a contar as bênçãos que recebia, a vida inteira dele se modificou. Como Willie, estou pronto para apostar na probabilidade da paz, da graça e da alegria. Desta forma, vou deliberadamente procurar a bondade com determinação total.

E² – Energia ao quadrado

Observações:

_____

_____

_____

Nós temos mais possibilidades disponíveis a cada momento do que percebemos.

— Thich Nhat Hanh, monge budista e ativista pela paz

Posfácio

Elevemo-nos uns aos outros

É muito bom ficarmos juntos com o propósito de criar juntos.

— Abraham-Hicks

Yes! Maravilha! Você terminou de ler este livro, e espero que tenha feito as nove experiências. Você cumpriu o desafio com coragem, e isso significa que a parte mais difícil já passou. Se desistir agora, vai perder o melhor da aventura toda. É aí que as recompensas começam.

O que eu gostaria de sugerir é que forme um grupo na sua cidade, na igreja ou mesmo no trabalho com outros leitores de *Energia ao quadrado*.

Mesmo que o Campo de Potencialidades esteja sempre conosco, sempre nos guiando, às vezes ajuda ter corpos humanos de verdade para nos incentivar pelo caminho. E Deus sabe que é bom ter companhia.

É por isso é vital encontrar parceiros, outros guerreiros espirituais que estão dispostos a nos ouvir, nos encorajar e a nos lembrar por que nós estamos fazendo isso. Como Abraham-Hicks gosta de dizer: "Quando você está sintonizado com a energia que cria o mundo, o universo faz você encontrar vibrações similares".

É como uma rede social cósmica. Esses colegas de time vão entrar na sua esfera vibracional (semelhante atrai semelhante) e juntos vocês vão ser capazes de multiplicar a energia até que ela exploda exponencialmente num mundo novo e interessante e numa nova e deliciosa maneira de ser. Orientação número 1? Brinque e divirta-se. Esta é e sempre vai ser a melhor e mais definitiva forma de gerar energia.

Crie um círculo protetor para que cada um de vocês se sinta seguro e valorizado. Isso não requer encontros semanais de quatro horas. Vocês podem fazer isso por telefone mesmo. Mas é importante recrutar outras pessoas com que você possa compartilhar os resultados das experiências — outras pessoas que também estiverem fazendo essas experiências.

Compartilhem histórias. Inspirem uns aos outros. Inventem novas experiências. O meu grupo propunha uma experiência diferente a cada semana. Pode ser qualquer coisa, desde acalmar a energia numa sala cheia de pessoas ocupadas e agitadas (funciona como mágica; você apenas irradia paz e tranquilidade e observa como isso muda a energia do ambiente, por exemplo, num restaurante muito cheio ou numa reunião de trabalho onde o clima está meio pesado) a mudar o tom de um relacionamento sobre o qual você fez julgamentos e tirou conclusões precipitadas. O meu grupo trabalhou junto fazendo um relatório sobre quando fomos bem-sucedidos e quando falhamos em mudar o nosso antigo condicionamento — em ambos os momentos, aprendemos poderosas e verdadeiras lições.

Nesses grupos, é imperativo falar sobre a vida e focar na vida do jeito que você quer que ela seja, não em como ela parece ser. Em vez de perguntar "O que está errado?" — provavelmente a pergunta mais feita no mundo todo, em todas as línguas —, foque a sua atenção em: "O que está dando certo?". Esta é a única pergunta que realmente significa alguma coisa. A resposta é a mais nova e alegre história que você está se empenhando em criar. Durante cada reunião de grupo, compartilhe exemplos de como a sua vida está melhorando e crescendo.

E, como sempre, aprecie, embeleze, afirme, sonhe e mantenha essas três coisas em mente:

1. Você é sensacional. Quer perceba isso agora ou não, você é um ser de uma energia ilimitada e poderosa. Ondas de possibilidades correm no seu sangue neste exato momento.

2. O imenso Campo de Potencialidades é ilimitado. Absolutamente tudo é possível. Tudo de que precisa é estar disposto em sua cabeça, abandonar os antigos condicionamentos e continuar a expandir ideias mais alegres, livres e amplas.

3. Estamos nisso juntos. Se cuidarmos uns dos outros e formos além para nos apreciarmos, brincando e nos alegrando, todos vamos ganhar — elevaremos a cada um de nós. É claro que podemos caminhar sozinhos para a linha de chegada. Mas a verdadeira alegria vem de seguirmos juntos e de levantarmos a nossa voz juntos, num só "Uau!".

Agradecimentos

Ouvi dizer que para educar bem uma criança é preciso um monte de pessoas. Bem, para fazer um livro também.

Quero agradecer a todas as pessoas que me ajudaram a fazer *Energia ao quadrado.*

A todos os colegas da Hay House: Alex Freemon, Shannon Littrell, Christy Salinas, Pam Homan e Stacey Smith, que confiaram em mim desde o início. Muito obrigada, Stacey! E muito obrigada, Chirsty, por ter feito esta capa maravilhosa.

Alex, quando eu vi pela primeira vez as suas correções e comentários, quase não acreditei que tantas coisas estivessem precisando de ajustes, mas agora agradeço muitíssimo a sua contribuição. Você foi uma resposta às minhas preces.

Agradeço também a Jim Dick, que é uma das três pessoas mais pacientes do planeta; Kitty Shea; Joyce Barrett; Betty Shaffer; Fusion Sisters; ao grupo Vortex, meu companheiro de busca espiritual em todas as quartas de manhã; e, claro, a Taz.

Este livro foi impresso pela Cruzado,
em 2022, para a HarperCollins Brasil.
O papel do miolo é pólen soft 80g/m²,
e o da capa é cartão 250g/m².